Bock
Gellen
schaar
Ummanz
Freesenort
Barhöft
Lieschow
Heuwiese
Klausdorf
Liebitz
Prohner Wiek
Kubitzer Bodden
Prohn
Bessiner Haken
Parower Haken
Parow
Rambin
STRELA-
Altefähr
RÜGEN
HANSESTADT
STRALSUND
Garz
Wamper Wiek
Gustow
Dänholm
Poseritz
Drigge
Gustower Wiek
Deviner Haken
Deviner
Bucht
Devin
Kemlade
Puddeminer Wiek
Schoritzer Wiek
Prosnitzer
Schanze
Devin
Neuhof
Wussitzer
Haken
Zudar
Deviner See
Niederhof
SUND
Glewitzer Wiek
Zudar
Brandshagen
Glewitzer Fähre
Stahlbrode
Mittelgrund
Palmer Ort
Rheinberg
Riems
Riemser Ort
Gristow
Gristower
Wiek
AF569343

ROLF REINICKE

STRALSUND
UND DER STRELASUND

ROLF REINICKE

STRALSUND
UND DER STRELASUND

DEMMLER VERLAG

Bibliographische Informationen
der Deutschen Nationalbibliothek:
Die Deutsche Nationalbibliothek
verzeichnet diese Publikation in der
Deutschen Nationalbibliographie.
Detaillierte bibliographische Daten
sind im Internet abrufbar unter:
http://dnb.ddb.de

Rolf Reinicke
Stralsund und der Strelasund
Texte, Fotos und Layout: Rolf Reinicke
Lektorat und Zeichnungen: Inge Reinicke
www.kuestenbilder.de
Karten: Matthias Reinicke
www.limedesign.ab.ca

ROLF REINICKE
STRALSUND UND DER STRELASUND
2. AUFLAGE 2017
ISBN **978-3-910150-93-5**

An der Bäderstraße 7c
18311 Ribnitz-Damgarten
www.demmler-verlag.de

Gedruckt in Sachsen-Anhalt:
Salzland Druck, Staßfurt

Titelfoto und Foto auf Seite 2:
Luftbilder der Stralsunder Altstadt

Rücktitelfoto:
Halbinsel Devin im Strelasund

Foto auf Seite 160:
Abendhimmel über der Altstadt
Foto rechts:
Rathausgiebel

INHALT

STADT AM MEER

Vom Wasser her, aus der Ferne gesehen, scheint die Stralsunder Altstadt mit ihren drei großen Kirchen direkt aus dem Meer emporzusteigen – eine einzigartige, unverwechselbare Silhouette, schon seit dem Mittelalter bekannt und berühmt. Tatsächlich vermittelt Stralsund von all den alten Hansestädten an der südlichen Ostseeküste am stärksten den Eindruck einer Stadt am Meer.

Dabei liegt Stralsund weiter als zwei Dutzend Kilometer vom offenen Meer, von der freien Ostsee entfernt an einem der vorpommerschen Boddengewässer – am Strelasund, der die Insel Rügen vom Festland trennt.

Mehr aber als durch diese besondere landschaftliche Lage ist Stralsund bekannt durch das besondere Stadtbild, durch die Zeugnisse einer legendären Stadtgeschichte und durch zahlreiche Schätze der Architektur, insbesondere der Backsteingotik. Die gewaltigen Kirchen, die bemerkenswerten Klöster mit ihren Museen und Ausstellungen, die Stadtmauer und Stadttore sowie eine Vielzahl von prächtigen Bürgerhäusern sind die eigentlichen Attraktionen der Stadt, die Jahr für Jahr mehr Touristen anlocken.

Stralsund ist eine Stadt, deren einstige Blütezeit mehr als ein halbes Jahrtausend zurückliegt, deren außerordentlicher früherer Glanz aber – nach Niedergang und Verfall – heute zurückgekehrt ist. Die Stralsunder Altstadt zählt offiziell zum Erbe der Weltkultur der UNESCO und ist inzwischen schöner als je zuvor.

Neben der reizvollen Altstadt locken die Gewässer vor der Stadt. Der Strelasund gilt als besonders schönes Segelrevier. Zahlreiche Angler sind hier unterwegs. Und man kann mit dem Ausflugsschiff auf Erkundung gehen.

Außerdem ist Stralsund ein idealer Ausgangspunkt, um – zu Lande oder zu Wasser – zu den schönsten Stellen an der deutschen Ostseeküste zu gelangen, die ganz in der Nähe liegen: Rügen, Hiddensee, Fischland, Darß und Zingst.

Die Fotos in diesem Buch zeigen das heutige Bild der Altstadt von ihrer attraktivsten und interessantesten Seite und ebenso zeigen sie das vielgestaltige Umfeld – Hafen, Werft und Dänholm, die Vorstädte und die Landschaft am Ufersaum beiderseits des Strelasundes.

Viele der Stadtbilder sind Momentaufnahmen einer sich an manchen Stellen rasant verändernden Optik. Denn noch sind in der Altstadt nicht alle Wunden und Narben aus der Vergangenheit beseitigt; noch wird an vielen Stellen restauriert und erneuert.

Dieses Buch soll auch dazu anregen, die Hansestadt Stralsund immer wieder neu zu entdecken und zu erleben. Denn die zauberhafte Stadt am Meer wird vor den Augen ihrer Bürger und der beständig wachsenden Zahl von Touristen von Jahr zu Jahr schöner und attraktiver.

▷ *Stralsund, vom Strelasund aus gesehen – Die unverwechselbare Silhouette der Altstadt wird dominiert von ihren drei großen Kirchen: rechts St. Nikolai, Mitte St. Jakobi und links St. Marien.*

▵ *Stadt nahe der Natur – Die Stralsunder Altstadt (links) und das Areal von Hafen, Werft, Rügenbrücke und Insel Dänholm (rechts) erstrecken sich längs der Ufer des Strelasundes, der sich in der Ferne zum Kubitzer Bodden weitet. Dieser gehört zum Nationalpark Vorpommersche Boddenlandschaft, dem größten Schutzgebiet an der deutschen Ostseeküste.*

▹ *Hafenspeicher und Nikolaikirche – Beim Blick vom Strelasund bestimmen neben den großen Kirchen auch die hohen Speicher auf der Hafeninsel das Stadtbild. Diese Speicher stammen aus dem 19./20. Jahrhundert und dienten lange Zeit der Lagerung von Getreide, das auf den fruchtbaren Böden des vorpommerschen Umlandes besonders gut gedeiht.*

DISCO

RATS APOTHEKE 1998

HANSESTADT STRALSUND

Die sanfte Anhöhe am Ufer des Meeresarmes, den man heute Strelasund nennt, war bereits lange bekannt, bevor um die Wende vom 12. zum 13. Jahrhundert deutsche Kolonisten damit begannen, hier eine Stadt zu errichten. Dafür gab es ideale natürliche Voraussetzungen: ein von Sund, Strandseen und Sümpfen umschlossenes, fast dreieckiges, inselartiges Areal mit festem Baugrund – vom Wasser aus gut erreichbar, weit genug vom offenen Meer entfernt und nahe der Insel Rügen.

Während sich die Seen und Sümpfe landseitig schützend um den Inselkern legten, existierte sundseitig ein niedriges Steilufer, davor ein fester, sandig-steiniger Strand. Wegen der günstigen Bedingungen siedelten dort bereits slawische Fischer und Fährleute. Zu dieser Stelle, die vermutlich schon damals ein bekannter Ankerplatz für Handelsschiffe war, führten auch Handelswege.

Gründung und Aufstieg

Wann genau an diesem Platz mit dem Bau der Stadt begonnen wurde, liegt im Dunklen. Sicher ist, dass um den Alten Markt herum in kurzer Zeit eine stattliche Siedlung zu wachsen begann, der 1234 vom Landesherrn, dem rügenschen Slawenfürsten Witzlaw I., das Stadtrecht verliehen wurde – „Lübsches Recht" – das damals fortschrittlichste Stadtrecht. Damit und mit weiteren, kurze Zeit später gewährten Rechten ausgestattet, wurde Stralsund alsbald zur florierenden Handelsmetropole mit eigener Flotte. Mit Stralsunder Schiffen exportierte man einerseits den reichlich in unmittelbarer Umgebung gefangenen Hering und eine Vielzahl landwirtschaftlicher Produkte aus dem pommerschen Hinterland. Andererseits betrieb man den Fernhandel auch mit gewinnbringenden Waren aus Skandinavien und Westeuropa – mit Stockfisch, Salzhering, Pelzen, Honig, Wachs, Tuch, Wein…

Stralsund entwickelte sich also durch die Tüchtigkeit seiner Kaufleute, Handwerker und Schiffsmannschaften alsbald zu einer der bedeutendsten Handelsstätte im Ostseeraum. Damit wurde sie zur Konkurrenz für andere – besonders für das ältere, stärkere Lübeck, der damals mächtigsten aller Ostseestädte. Deshalb überfielen die Lübecker 1249 die junge Stadt, konnten aber deren dynamische Entwicklung nicht aufhalten. Das konnte auch der verheerende Stadtbrand von 1271 nicht. Und 1316 verteidigte Stralsund seine Unabhängigkeit sogar siegreich gegen eine Koalition der Fürsten.

◄ Giebelhäuser am Alten Markt – Reichtum und Macht der Stralsunder Patrizier sind nicht nur an den großen Pfarrkirchen, sondern auch an den prächtigen Giebelhäusern erkennbar. Das trifft besonders zu auf das Wulflamhaus (rechts).

Reichtum und Macht

Bereits zu Beginn des 14. Jahrhunderts war das gesamte Areal der heutigen Altstadt bebaut, von einer Mauer umgeben und von der Landseite her nur auf Dämmen mit Zugbrücken erreichbar. Natürlich wurde in der Stadt unablässig weitergebaut. Vom 13. bis 15. Jahrhundert entstanden die meisten jener prächtigen Gebäude der Backsteingotik, die wir heute als Erbe der Weltkultur in der Altstadt bewundern. Das vom Landesherrn mit weitgehenden Hoheitsrechten ausgestattete, nahezu unabhängige Stralsund regierte sich über fast vier Jahrhunderte quasi allein. Ein vierundzwanzigköpfiger Rat hatte sich bereits kurz nach der Stadtgründung aus den reichsten und einflussreichsten Patriziern, Fernkaufleuten, konstituiert. Diese Ratsaristokraten und die drei ab 1293 von ihnen gewählten Bürgermeister übten, unter Ausschluss der Bürgerschaft, eine uneingeschränkte Macht über die Stadt aus. Stralsund war zu einer überaus reichen und mächtigen Stadt geworden.

Hansezeit

Aber man brauchte auch Verbündete. Zu eigenem Schutz und Nutzen schlossen sich 1293 die Städte Lübeck, Wismar, Rostock, Stralsund, Greifswald und andere zu einem Städtebund zusammen – zur Hanse. Die Hanse beherrschte bald nach ihrer Gründung nicht nur den gesamten Ostseehandel, sondern bildete auch ein militärisches Gegengewicht zu dem damals mächtigen, kriegerischen Gegenpart Dänemark. Häufig kam es zu Auseinandersetzungen um die Vormacht im Ostseeraum und schließlich 1361 zum Krieg zwischen beiden. Der glorreiche Sieg der Hanse über die Dänen wurde 1370 mit einem Vertrag besiegelt, dem „Stralsunder Frieden". Damals befand sich die Hansestadt Stralsund auf dem Gipfel ihrer Macht, die sie über lange Zeit behielt.

Abstieg

Im ausgehenden 15. Jahrhundert verlor die Hanse zwar ebenso an Einfluss wie Stralsund selbst. Wirtschaftliche Umschwünge sowie politische wie religiöse Unruhen leiteten den langsamen Niedergang Stralsunds ein. Doch die Stadt war immerhin noch so mächtig, sich ihre Unabhängigkeit vom pommerschen Herrscherhaus zu bewahren. Mit dem Dreißigjährigen Krieg aber ging diese Souveränität vorerst verloren. Stralsund wurde 1628 vom Heer Wallensteins belagert, das erfolglos abziehen musste. Den bejubelten Sieg über die Kaiserlichen hatte man sich aber teuer erkauft, konnte er doch nur mit schwedischer Hilfe errungen werden. König Gustav II. Adolf bestand auf einem Allianzvertrag, durch den die Stadt in Abhängigkeit von Schweden geriet.

Schwedenzeit

Mit dem Ende des Dreißigjährigen Krieges, dem Westfälischen Frieden, fiel dann ganz Vorpommern und damit auch Stralsund 1648 an Schweden. Jetzt war es mit der Unabhängigkeit endgültig vorbei. Die „Schwedenzeit" gilt nicht als besonders glückliche Epoche der Stadtgeschichte. Es ging wirtschaftlich nur wenig voran. Die Schweden ließen Stralsund – auf Kosten der Stralsunder – zur stärksten Festung ihrer Provinz ausbauen, die mehrfach belagert wurde. Dabei erlitt die Stadt wiederholt schwere Schäden. Auch Pest, Stadtbrände und schließlich die napoleonische Besatzung brachten den Stralsundern viel Leid und Elend.

Preußenzeit

Mit dem Wiener Kongress kam der bis dahin schwedische Teil Vorpommerns und somit auch Stralsund 1815 an Preußen. Durch die vorangegangene Entwicklung, eine für die neue Zeit zunehmend ungünstige geografische Lage und das rein landwirtschaftlich geprägte Umfeld gelang es Stralsund nicht, an seine einstige Bedeutung anzuschließen. Bis 1873 blieb die Stadt eine Festung. Dadurch war ihr Wachstum sehr begrenzt. Erst danach konnten sich die bereits vorher

△ „Commandantenhus" – Das repräsentative Gebäude an der Ostseite des Alten Marktes entstand in der Schwedenzeit. Hier residierte der schwedische Festungskommandant, als die Stadt ihre Unabhängigkeit verloren hatte und Stralsund zur Festung geworden war. Das Stralsunder Wappen mit der Schwedenkrone am Spitzgiebel wird rechts vom pommerschen Greif und links vom schwedischen Löwen gestützt.

▷ Stadttheater – Der neoklassizistische Bau wurde nahe dem Kniepertor, vor der Stadtmauer am heutigen Olof-Palme-Platz errichtet und 1916 eröffnet. Das in acht Jahrzehnten stark „ergraute" Gebäude erfuhr 2005 bis 2008 eine komplette Sanierung und erstrahlt heute im neuen Glanz.

entstandenen Vorstädte ungehindert entwikkeln. Auch wenn es im ausgehenden 19. Jahrhundert endlich einen deutlichen wirtschaftlichen Aufschwung gab, blieb Stralsund immer weiter hinter der aufblühenden, günstiger gelegenen pommerschen Provinzhauptstadt Stettin und anderen Hafenstädten an der deutschen Ostseeküste zurück.

Hoffnung und Zerstörung

In den ersten Jahrzehnten des 20. Jahrhunderts wuchs Stralsund und wurde, besonders durch den zunehmenden Ostseebäder-Tourismus, allmählich vom Fremdenverkehr entdeckt. Man erkannte die bis dahin wenig beachtete Schönheit der Altstadt, ihre wunderschöne Lage. Denn trotz vieler unübersehbarer Schäden aus der Vergangenheit zählte man sie zu den schönsten an der Ostseeküste. Stralsund wurde auch mehr und mehr zum Verkehrsknotenpunkt, besonders für den Weg nach Nordeuropa. Der Beginn des Zweiten Weltkriegs aber ließ alle Hoffnungen auf eine gedeihliche Entwicklung von Wirtschaft und Fremdenverkehr schwinden. Ein schwerer Bombenangriff vernichtete oder beschädigte im Oktober 1944 wesentliche Teile der Altstadt. Dabei gingen auch viele kulturhistorisch wertvolle Bauten unwiederbringlich verloren.

Neubau und Verfall

Nach dem mühevollen Wiederaufbau und der Gründung der DDR 1949 entwickelte sich Stralsund durch den Aufbau der Volkswerft rasch zum bedeutenden Industriestandort. Die Einwohnerzahl wuchs rapide, das Wohnungsproblem ebenso. Während am Rande der Vorstädte, „auf der grünen Wiese“, riesige triste Plattenbau-Neubauviertel entstanden, vernachlässigte man in dieser „Zeit des Mangels“ notgedrungen die Altstadt. Ihre teilweise bereits marode historische Bausubstanz verfiel mehr und mehr – obwohl sie 1962 zum Flächendenkmal erklärt wurde. Nur einige wenige Denkmale konnten restauriert werden. Viele wertvolle Gebäude musste man abreißen; andere in diesem immer trostloseren Umfeld standen auf der Abrissliste.

Neuer Glanz

Die politischen Wende 1989 kam noch rechtzeitig, um den weiteren Abriss wertvoller Bausubstanz zu verhindern. Dem Engagement zahlreicher Bürger und Freunde der Altstadt ist es zu verdanken, dass sich durch ihre Appelle staatliche Stellen und eine breite Öffentlichkeit vehement für ihren Erhalt einsetzten. Stralsund erhielt in den folgenden Jahren eine so umfangreiche Förderung, dass die Stadt innerhalb von zwei Jahrzehnten wie „Phönix aus der Asche“ erstand. Die historische Altstadt wurde – zusammen mit der von Wismar – 2002 zum Weltkulturerbe der UNESCO erklärt. Zwar ist ihre Erneuerung noch nicht völlig abgeschlossen, doch strahlt sie bereits heute in einem Glanz, den sie wohl nie zuvor besaß. Das trifft auch auf das Hafenviertel, die Vorstädte und ihr Umfeld zu. So ist die Hansestadt Stralsund heute eine wahre Perle unter den deutschen Städten und zieht immer mehr in- und ausländische Touristen in ihren Bann.

△ *Stralsund – Perle an der Ostsee. – Blick aus der Vogelperspektive auf die historische Altstadt. Im Vordergrund die Hafeninsel mit ihren Speichern und dem OZEANEUM, über den Stadtteichen die Tribsee Vorstadt mit dem Bahnhofsgelände, links darüber Langendorfer Berg und rechts oben Grünhufe.*

▷ *Die Altstadtinsel – Das Luftbild zeigt eine*
▷ *besonders eindrucksvolle Sicht auf die einzigartig zwischen dem Strelasund und den Stadtteichen gelegene Altstadt mit ihren drei großen Pfarrkirchen. Der schöne Grüngürtel, der sie umgibt, wächst auf den einstigen Wällen und Bastionen – im Hintergrund die Insel Rügen.*

DIE ALTSTADT

Erbe der Weltkultur

Mit ihrem Rathaus, den Kirchen, Klöstern, Bürgerhäusern, Mauern und Toren bildet die Stralsunder Altstadt ein einzigartiges Bauensemble. Hier findet man zahlreiche hervorragende Beispiele der norddeutschen Backsteinarchitektur. Deshalb gehört die historische Altstadt von Stralsund, gemeinsam mit der von Wismar, seit 2002 zum Weltkulturerbe der UNESCO.

▷ *Rathaus und Nikolaikirche am Alten Markt*

Das satte Rot des Backsteins bestimmt heute das Bild der historischen Stralsunder Altstadt. Als man Anfang des 12. Jahrhunderts mit ihrem raschen Aufbau begann, war noch Holz das dominierende Baumaterial. Doch schon nach dem ersten schweren Stadtbrand wurde hauptsächlich massiv gebaut. An natürlichem Festgestein aber mangelte es hier ebenso wie in ganz Norddeutschland. So nahm man den überall wohlfeilen Rohstoff Lehm, formte, trocknete und brannte ihn zu Ziegelstein – zu Backstein. Backsteine im genormten Format („Klosterformat") bildeten in Norddeutschland im Mittelalter das weitaus wichtigste Baumaterial. Und daraus entstanden auch hier in Stralsund die hervorragenden Gebäude jener Epoche, die nach diesem Baustein benannt wurde – die Backsteingotik.

Rathaus

Der prächtige Backstein-Schaugiebel des Stralsunder Rathauses am Alten Markt gilt als das Wahrzeichen der Hansestadt; das gesamte Rathaus als herausragendes Bauwerk seiner Art in ganz Europa. Hinter der Schaufassade verbirgt sich der originelle zweigeschossige, vierflügelige Bau mit seinem viel bewunderten säulenumstandenen Innenhof und der Galerie. Die Anfänge des Rathauses liegen bereits im 13. Jahrhundert. Hier residierte über die Jahrhunderte nicht nur der Rat, hier gab es auch Läden ähnlich denen, die in jüngster Zeit neu eingerichtet wurden. Handel trieb man teilweise auch in den weitläufigen, von Kalksteinsäulen getragenen Gewölben des Rathauskellers, außerdem lagerte der Rat hier einst Wein und Bier.

Kirchen

Die drei Pfarrkirchen, St. Nikolai, St. Marien und St. Jakobi, zählen zu den Hauptwerken der norddeutschen Backsteingotik und dominieren das Bild der Stralsunder Altstadt. Die hoch aufragenden Türme der gewaltigen Kirchen trugen im Mittelalter noch bedeutend höhere, spitze Turmhelme. Sie demonstrierten, bereits von weither sichtbar, das besondere Geltungsbedürfnis ihrer weltlichen Erbauer – ebenso wie die insgesamt beeindruckenden Dimensionen dieser Bauwerke.

Zusammen mit dem Rathaus bildet die Nikolaikirche am Alten Markt ein einzigartiges Bauensemble. St. Nikolai, die „Ratskirche", ist der in seinem Ursprung älteste und insgesamt am prächtigsten ausgeführte und ausgestattete Kirchenbau der Stadt. Die nach dem Vorbild französischer Kathedralen errichtete lichtdurchflutete dreischiffige Basilika birgt zahlreiche wertvolle sakrale Kunstwerke und die gewaltige, klangschöne Buchholz-Orgel. Ihr fast vollständig restaurierter Innenraum wirkt durch die zarte, farbenfrohe Bemalung der Gewölbe besonders anziehend. In dieser Kirche der Patrizier, der Ratsherren, fanden einst nicht nur Gottesdienste, sondern auch weltliche Veranstaltungen wie Ratssitzungen statt.

▷ *Rathausgiebel – Das markante Wahrzeichen der Hansestadt, ein Musterbeispiel der Backsteingotik, besitzt eine ungewöhnlich fein gegliederte Schaufassade, die durch viele glasierte Formsteine ihren besonderen Reiz erhält. Hinter der Fensterreihe im Obergeschoss liegt der repräsentative Löwensche Saal – der traditionelle Tagungsort des Stadtparlamentes.*

Die Marienkirche am Neuen Markt ist ein unikates gotisches Bauwerk aus dem 14. Jahrhundert, dessen gewaltige Dimensionen ebenso beeindrucken wie seine ungewöhnliche Schlichtheit. Der Turm von St. Marien, mit 151 Metern einst einer der höchsten seiner Zeit, besitzt heute mit seiner barocken Turmhaube eine Höhe von 104 Metern. Wer ihn besteigt, hat eine atemberaubende Aussicht auf Stadt und Umfeld. Der Turm ruht auf einem gewaltigen Unterbau, einer Turmhalle, für die es in der mittelalterlichen Baukunst nichts Vergleichbares gibt. Weithin berühmt ist auch die umfassend restaurierte Stellwagen-Orgel von 1659 mit ihrer Klangfülle. St. Marien wurde von der Stralsunder Gewandschneider-Gilde errichtet – hauptsächlich Kaufleute, die ihren Wohlstand aus dem Tuchhandel bezogen und die oft in Konkurrenz zum Rat standen.

Nach schweren Bombenschäden im Zweiten Weltkrieg ist das schöne Äußere der Jakobikirche längst saniert und restauriert; innen aber arbeitet man noch. Der Innenraum der chorlosen dreischiffigen Kirche mit erhöhtem Mittelschiff besitzt ausgewogenere, weniger dramatische Dimensionen als die Nachbarkirchen. St. Jakobi, in der ersten Hälfte des 14. Jahrhunderts errichtet, war einst die Kirche der ärmeren Stralsunder und wird heute als „Kulturkirche" hauptsächlich für Ausstellungen und Konzerte genutzt.

◁ *Giebelhäuser in der Fährstraße – Mit ihrer großen Zahl stattlicher Giebelhäuser besitzt die Stralsunder Altstadt einen wahren städtebaulichen Schatz. – Im mittleren Haus, dem Scheelehaus, wurde 1742 Carl Wilhelm Scheele geboren, der Entdecker des Sauerstoffs.*

Klöster

Im Mittelalter besaß die reiche Stadt ungewöhnlich viele Klöster, die nach der Reformation allesamt säkularisiert wurden. Zwei von ihnen gelten heute als Baudenkmäler von herausragender Bedeutung.

Das Dominikanerkloster St. Katharinen (gegründet 1251) ist eine der größten und ältesten Klosteranlagen in Norddeutschland. Seine gotische Bausubstanz mit der Katharinenkirche (Katharinenhalle), den prächtigen Refektorien (besonders dem ungewöhnlich großen Sommerremter) und den Kreuzgängen blieb fast vollständig erhalten. Nach der Reformation dienten die Gebäude den verschiedensten weltlichen Zwecken – bis hin zu Pferdestall und Arsenal. Heute haben in dem inzwischen weitgehend restaurierten Katharinenkloster die beiden großen Museen der Stadt ihren Stammsitz.

Das bereits 1859 eröffnete das heutige Stralsund Museum (früher Kulturhistorisches Museum) mit seinen überaus umfangreichen Sammlungen ist das älteste Museum in Mecklenburg-Vorpommern. Die Ausstellungen in den historischen Räumen geben einen vorzüglichen Überblick über die Stadtgeschichte und bieten zahlreiche kulturhistorische Schätze.

Das weit über Deutschlands Grenzen hinaus bekannte Deutsche Meeresmuseum mit seinen populären Meeresaquarien ging aus einem 1951 gegründeten Naturmuseum hervor. Heute präsentiert es seine meereskundlichen Ausstellungen hauptsächlich in der Katharienenhalle. Zusammen mit seinen drei anderen Standorten OZEANEUM, NAUTINEUM und NATUREUM ist das Meeresmuseum eines der beliebtesten und am meisten besuchten deutschen Museen.

Im Franziskanerkloster St. Johannis (gegründet 1254) hat heute das Stadtarchiv der Hansestadt Stralsund mit wertvollsten Beständen an Dokumenten – an Urkunden, Büchern, Karten, Rissen und Fotos – seinen Sitz. Der weitläufige restaurierte gotische Gebäudekomplex des Johannisklosters kann besichtigt werden; in der Ruine der Klosterkirche finden im Sommer Freiluftveranstaltungen statt.

Der vielfach als „Kloster“ bezeichnete historische Gebäudekomplex an der Heilgeistkirche war nie Kloster, sondern ein vor der Stadtmauer gelegenes Hospital – das Heilgeisthospital mit seinem anheimelnden Komplex kleiner Häuschen und dem mit hölzernem Säulengang und Galerie versehenen „Kirchgang“.

Bürgerhäuser

Die Altstadt von Stralsund besitzt mit ihren 185 mittelalterlichen Giebelhäusern eine ungewöhnlich große Zahl derartiger Denkmäler. Ihre geschlossenen Fronten prägen das Bild einiger Straßenzüge – besonders in der Mühlenstraße, Fährstraße, Mönchstraße und Langenstraße. Manche von ihnen zeigen noch die schönen gotischen Backstein-Staffelgiebel, von denen viele im Laufe der Jahrhunderte „modernisiert“ wurden. Hinzu kommen zahlreiche historische Traufenhäuser. Die insgesamt über 500 denkmalgeschützten Häuser der Altstadt waren ein wichtiger Grund für deren Aufnahme in die Liste des Weltkulturerbes der UNESCO. Die meisten von ihnen sind bereits restauriert.
Herausragende Beispiele gotischer Giebelhäuser sind das Wulflamhaus am Alten Markt, das Dielenhaus in der Mühlenstraße, das Scheelehaus in der Fährstraße, das Burmeisterhaus und das Museumshaus in der Mönchstraße (Außenstelle des Kulturhistorischen Museums) sowie die Häuser Mühlenstraße 1, Frankenstraße 28, Fährstraße 30/31, Ossenreyerstraße 14/15.

Weitere historische Gebäude

Bei einem Gang durch die Altstadt entdeckt man zahlreiche andere kulturhistorisch wie architektonisch interessante und wertvolle Gebäude – beispielsweise den Museumsspeicher in der Böttcherstraße (Außenstelle des Kulturhistorischen Museums); das Commandantenhus am Alten Markt, ein dreigeschossiger Barockbau, einstiger Sitz des schwedischen Festungskommandanten; das barocke Olthofsche Palais mit der sehenswerten Welterbeausstellung gegenüber dem Rathaus; das Schwedische Regierungspalais in der Badenstraße; die historische Stadtwaage (heute Kinderbibliothek) in der Wasserstraße oder den noch nicht restaurierten Kampischen Hof in der Mühlenstraße.

Stadttore – Stadtmauer

Von den ursprünglich zehn Stadttoren sind nur noch zwei erhalten – das schlichte, bereits restaurierte Kniepertor am Stadttheater und das Kütertor, das noch auf seine Restaurierung wartet. Einige Abschnitte der in großen Teilen nach der „Entfestung“ geschleiften Stadtmauer sind am Knieper- und Fährwall erhalten und saniert bzw. rekonstruiert. Aus den vor der Stadtmauer liegenden Bastionen schuf man Grünanlagen, die heute einen schönen Baumbestand aufweisen.

△ *Die Altstadt von Stralsund – Zwischen dem Strelasund und den Stadtteichen gelegen zeigt das heutige Straßenbild der Altstadt innerhalb der Mauern noch immer jene Struktur, die sie bereits bei ihrem Aufbau im Mittelalter erhielt. Knieper-, Franken- und Fährwall entstanden erst nach der „Entfestung" der Stadt 1873 an Stelle der einstigen Wälle und Gräben direkt vor der Stadtmauer.*

▷ ▷ *Blick vom Turm der Marienkirche – Die einzigartige Aussicht aus 80 Metern Höhe zeigt die zauberhafte Altstadt, deren Optik sich derzeit von Monat zu Monat ändert. Noch bestimmen Baukräne und Gerüste an manchen Stellen das Bild. Auch Baulücken und Häuser mit „Sanierungsbedarf" gibt es noch. Doch die Ansicht der Altstadt ist wahrscheinlich bereits heute so schön wie nie zuvor.*

◁ *Nikolaikirche – St. Nikolai, die „Ratskirche", ist der in seinem Ursprung älteste und insgesamt am prächtigsten ausgeführte und ausgestattete Kirchenbau der Stadt. Die nach dem Vorbild französischer Kathedralen errichtete lichtdurchflutete dreischiffige Basilika birgt zahlreiche wertvolle sakrale Kunstwerke.*

△ *Nikolaikirche – Der Blick nach oben in das bildschöne Kreuzrippengewölbe des Mittelschiffs mit seinen zarten Bemalungen erfreut das Herz. In den vergangenen zwei Jahrzehnten umfassend restauriert, zieht der bezaubernde Innenraum von St. Nikolai die zahlreichen Besucher sofort in seinen Bann.*

△ *Blick vom Sund zur Nikolaikirche – Der schön gegliederte Baukörper von St. Nikolai überragt ebenso die Altstadthäuser wie der filigrane Ziergiebel des Rathauses. Aus dieser Blickrichtung – vorn die Nordmole – erscheint das hohe Mittelschiff der Kirche mit seinen seitlichen Strebebögen besonders eindrucksvoll.*

▷ *Nördliche Altstadt – Vor der Westfront von St. Nikolai liegt der auffallende Bau des Rathauses mit dem schlanken barocken Westgiebel und dem Ziergiebel an seiner Nordseite, am Alten Markt. Das Foto zeigt auch das Areal um Mühlen-, Fähr- und Semlower Straße – den ältesten Teil der Altstadt; dahinter die Hafeninsel.*

◁ *Marienkirche – Der betont schlicht und großflächig gehaltene Kirchenbau besticht durch seine gewaltigen Dimensionen. Früher besaß St. Marien einen spitzen Turmhelm. Bei einer Höhe von 151 Metern galt er – bis zu seinem Einsturz 1647 – einige Zeit lang als das höchste Gebäude der Welt. Mit seinem heutigen barocken Helm ist der Turm noch 104 Meter hoch.*

△ *Stellwagenorgel in der Marienkirche – Diese mit hohem Aufwand restaurierte und 2008 neu geweihte Barockorgel von 1659 gilt als größte ihrer Zeit, die es noch in Europa gibt – und die noch gespielt werden kann. Sie ist weithin berühmt durch ihren ungewöhnlich transparenten Klang, der bei zahlreichen Konzerten das hohe Kirchenschiff erfüllt.*

△ *Turm der Marienkirche – Das riesige Bauwerk imponiert durch seine schlichte Großflächigkeit. Bei aller Schlichtheit verzichtete man aber nicht auf Glanz. Die Verkleidung der Treppentürme besteht aus großen, hellen Kalksteinplatten – teure Importe von der Insel Gotland.*

▷ *Turmhalle der Marienkirche – Wer sie betritt sollte einen Moment verweilen, denn es bietet sich ein wahrhaft atemberaubender Blick in die Höhe. Für dieses gewaltige „Westwerk" von St. Marien gibt es in der mittelalterlichen Architektur nichts Vergleichbares.*

◁ *Jakobikirche – Die jüngste der drei großen Stadtkirchen wurde deutlich bescheidener ausgeführt. Ursprünglich eine Hallenkirche, erhielt sie erst später ein höheres Mittelschiff; ihr fehlt aber der Chor. Nach schweren Bombenschäden im 2. Weltkrieg ist ihr schönes Äußeres heute vollständig restauriert.*

△ *Jakobikirche – Im diesem baulich intakten, aber bisher erst teilweise restaurierten Kirchenschiff finden Ausstellungen und Konzerte statt. St. Jakobi dient heute als „Kulturkirche". Nach der aufwändigen Erneuerung der Fußböden erfolgt in den nächsten Jahren schrittweise die Restaurierung des Innenraumes.*

◁ *Katharinenkloster – Der stattliche Komplex des ehemaligen Dominikanerklosters St. Katharinen zählt zu den ältesten und größten Klosteranlagen in Norddeutschland. Unter seinen neu gedeckten Ziegeldächern haben heute das Stralsund Museum der Hansestadt Stralsund und das Deutsche Meeresmuseum ihren jeweiligen Hauptsitz.*

△ *Winterremter im Katharinenkloster – Mit ihren wunderschönen Kreuzrippen- und Sterngewölben zählen die Refektorien („Remter") von St. Katharinen zu den architektonischen Kostbarkeiten der Stadt. In ihnen zeigt das Stralsund Museum einzigartige Schätze aus der Vor-, Früh- und Stadtgeschichte.*

◁ *Katharinenkloster – Die turmlose Hallenkirche von St. Katharinen („Katharinenhalle") dient heute dem Deutschen Meeresmuseum als Ausstellungshalle. Sie wurde gründlich restauriert und mit einer Stabwerkskonstruktion versehen, durch die heute Ausstellungen auf drei Ebenen gezeigt werden.*

△ *Museumsvorhof – Vor dem Eingang in das Deutsche Meeresmuseum steht dessen größtes Exponat: ein 17-Meter-Fischkutter – eines der ersten nach dem 2. Weltkrieg in der Region neu gebauten Fischereischiffe, ein technisches Denkmal. Hauptthema der Ausstellungen des Museums ist die Meereskunde.*

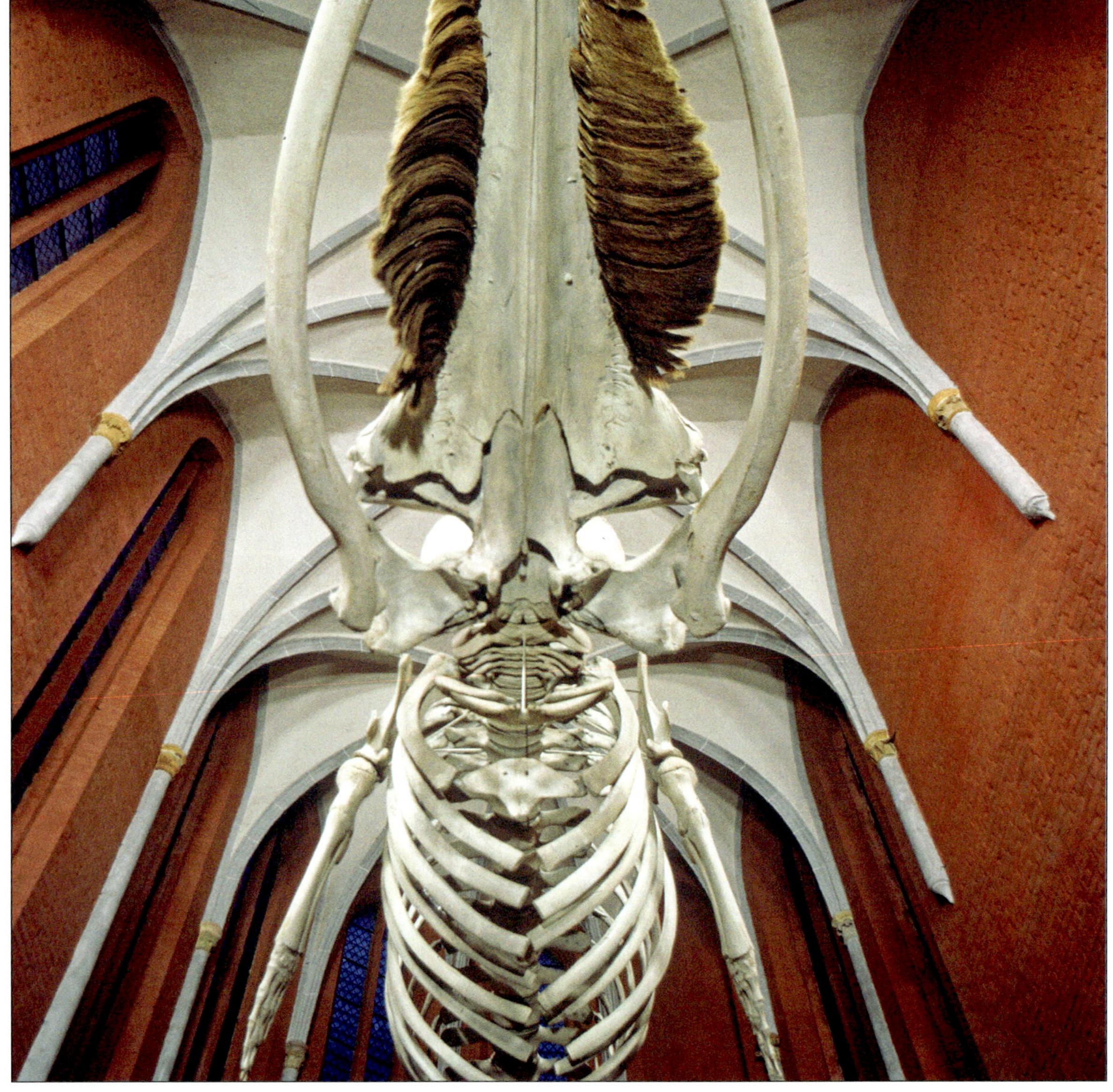

△ *Finnwal im Meeresmuseum – Das 16 Meter lange Skelett des gewaltigen Bartenwals steht mit seinen Kiefer- und Rippenbögen in einer eigenartigen Harmonie zu den Kreuzrippen des Gewölbes im Chor der Katharinenhalle. Der Wal, ein Irrgast in der Ostsee, strandete 1825 vor der Insel Hiddensee.*

▷ *Meeresschildkröten im Meeresmuseum – Die Meeresaquarien bilden die Hauptattraktion des vielbesuchten Museums. In den historischen Kellergewölben und in modernen Anbauten findet der Besucher 35 teilweise sehr große Aquarienbecken mit Tieren aus warmen Meeren – so auch zentnerschwere Schildkröten.*

△ *Johanniskloster – Die mit großem Aufwand bereits in den siebziger und achtziger Jahren des vorigen Jahrhunderts teilweise restaurierten Klostergebäude bergen heute die Schätze des Stralsunder Stadtarchivs.*

◁ *Räucherboden – Nach der Reformation diente das Johanniskloster als Armenhaus. Im Dachboden des Westflügels richtete man winzige Wohnungen ein. Der Räucherboden erhielt seinen Namen, weil der Rauch ihrer Herde direkt in den Bodenraum geleitet wurde.*

▷ *Ruine der Johanniskirche – Bereits 1624 abgebrannt, wurde von St. Johannis nur ein Teil wiederaufgebaut – die „Kleine Johanniskirche". Nach dem Bombenangriff von 1944 blieben nur deren Mauern. Diese restaurierte Chorruine dient heute Freilichtveranstaltungen.*

KLOSTER ZUM
HEILIGEN GEIST

◁ *Heilgeisthospital – Obwohl die Inschrift über der Pforte „Kloster zum Heiligen Geist" lautet, waren die Gebäude an der Heilgeistkirche nie Kloster, sondern stets Hospital. Bereits im 13. Jahrhundert gegründet, nahm es Alte, Kranke und Hilfsbedürftige auf und bot ihnen auch Pflege und dauerhafte Unterkunft.*

△ *Heilgeisthospital – Das vor der Stadtmauer gelegene und daher im Laufe der Jahrhunderte vielfach zerstörte Areal mit seinen kleinen, heute durchweg sanierten Häuschen und den engen Gässchen strahlt eine besondere Behaglichkeit aus. Daher zählt es inzwischen zu den beliebtesten Wohnvierteln der Stadt.*

△ *Mühlenstraße – Im Mittelalter besaß diese Reihe schöner Giebelhäuser einheitlich gotische Backsteingiebel. Die meisten wurden im Laufe der Jahrhunderte, entsprechend des gerade aktuellen Baustils, „modernisiert“. Nur zwei von ihnen blieben davon unberührt.*

▷ *Altstadtwinter – Es fällt schwer, sich heute vorzustellen, dass hier noch vor drei Jahrzehnten der Schnee im Winter durch die zahlreichen Kohleheizungen nach kurzer Zeit grau und die Altstadt am Verfallen war. – Blick vom Alten Markt in die Mühlenstraße.*

30
ZONE
RATS
Apotheke

◁ *Fährstraße – Die Fassaden dieser stattlichen Giebel- und Traufenhäuser flankieren die vom Alten Markt zum Hafen führende Straße. Auch andere wichtige Altstadtstraßen wurden zum Hafen hin orientiert gebaut. Im rechten Winkel zu ihnen verlaufen verschiedene schmalere Gassen.*

△ *Altstadthäuser – Das Foto zeigt die typische Struktur der Altstadt: Die im Geviert errichteten Wohnhäuser eines „Quartiers" säumen einen Innenhof. Die großen Giebelhäuser waren gleichzeitig Wohn- und Geschäftshäuser sowie Speicher. – Semlower Straße (unten) und Fährstraße mit Scheelehaus (oben rechts).*

△ *Kütertor.– Von den zehn Stralsunder Stadttoren blieben nur Küter- und Kniepertor erhalten – zwei schlichte „Feldtore". Dass sie weniger prächtig ausgeführt waren als in so mancher kleineren Nachbarstadt, hatte wohl einen guten Grund: Sie sollten mit ihrer Ansicht keine Konkurrenz sein zu den prächtigen Stadtkirchen.*

▷ *Stadtmauer am Knieperwall – Dieser in neuer Zeit rekonstruierte Abschnitt der Stadtmauer mit Wehrturm und Wiekhaus gibt einen guten Eindruck von der mittelalterlichen Stadtbefestigung. Große Teile der Stadtmauer wurden nach der „Entfestung" der Stadt abgerissen und als wohlfeiles Baumaterial wiederverwendet.*

Cola

◁ *Alter Markt – Repräsentative Bauten säumen den bedeutendsten Platz der Altstadt. Neben dem gotischen Wulflamhaus (Mitte) und dem einzigartigen Rathausgiebel sind hier fast alle Baustile vertreten – bis hin zum Plattenbau aus der DDR-Ära. Vielleicht ist es gerade diese Vielfalt, die dem Platz das besondere Flair verleiht.*

△ *Papenstraße – Im südlichen Gelände der Altstadt, in der „Neustadt", siedelten einst die weniger wohlhabenden Bürger Stralsunds. Entsprechend bescheidener waren auch ihre Wohnhäuser. Viele der Häuser aber sind ganz neu. Sie entstanden in den vergangenen zwei Jahrzehnten in den vielen Baulücken.*

HAFEN, BRÜCKEN, WERFT UND DÄNHOLM

Das maritime Stralsund

Von Anfang an war Stralsund Hafenstadt und bereits im Mittelalter baute man hier Schiffe. Während damals Handel und Fischerei das Bild des Hafens bestimmten, sind es heute Tourismus und Freizeit. Der Schiffbau ist auch im Stralsund der Gegenwart nicht zu übersehen: die gewaltige Schiffbauhalle der Volkswerft ist das weitaus größte Gebäude in ganz Vorpommern.

△ *Unterwasserlabor Helgoland im NAUTINEUM Dänholm*

▷ *Nördliche Hafeninsel mit Hansekai, Hafenamt, OZEANEUM und Speichern*

BELUGA II
SEEFUCHS

Weiße Flotte
Frisch und Räucherfisch vom Fischer
SCHFISCH
UND
CHERFISCH
Große Hafenrundfahr
LTEFÄHR

Schon lange vor der Stadtgründung gab es hier Schiffsverkehr – zwischen dem slawischen Fähr- und Fischerdorf Stralow und der Insel Rügen. An dieser Stelle war es offensichtlich besonders günstig, den Strelasund zu queren. Der damalige Fähranleger und die Fischerplätze bildeten sicher die Keimzelle des Stralsunder Hafens. Sind die mittelalterlichen Bauwerke der Altstadt oft recht vollkommen erhalten, so blieben von den Hafenanlagen aus jener Zeit keinerlei erkennbare Spuren. Man weiß aber, dass die sundseitige Stadtmauer mit ihren Toren – den „Wassertoren" – auf einem niedrigen Steilufer errichtet wurde. Und dass davor ein fester, sandiger Strand lag, der sich sicher gut eignete, um Boote an Land zu ziehen und weniger empfindliche Waren zu stapeln – das war der Ursprung des Hafens.

Hafengeschichte

Stadtansichten aus dem 16. Jahrhundert zeigen alle eine ähnliche Ansicht des Hafens: Vor der Mauer und den Toren liegt ein breiter Ufersaum mit kleineren Gebäuden, wohl meist Lagerschuppen. Ausgehend von den Stadttoren erstrecken sich Anlegebrücken in das Hafengewässer, an denen zahlreiche Schiffe liegen. Zwischen diesen Landungsbrücken, anfangs sicher durchweg einfache Holzkonstruktionen, schüttete man im Laufe der Zeit das landseitig flache Hafenbecken auf, verbreiterte so den Ufersaum und schuf zusätzliche Flächen. So entstanden auch die Lastadien – Flächen, auf denen Schiffe gebaut, Waren und Ballast gelagert wurden. Als die Schweden Stralsund zu einer Festung ausbauen ließen, änderte sich das Bild.

◀ *An der Fährbrücke – Hier am Ippenkai legen seit Jahrhunderten – so wie auch heute noch – die Fähren nach Rügen, also nach Altefähr, ab. Vom Ippenkai starten auch die Ausflugsschiffe zur Insel Hiddensee und die Hafenrundfahrten.*

Zum Hafen hin entstanden neue Mauern, Wälle und Bastionen. 1865 – also bereits zur Preußenzeit – begann man, davor noch zusätzliche Festungsgräben auszuheben. Der Aushub wurde sundseitig zu einer künstlichen, zweigeteilten Insel, der Hafeninsel, aufgeschüttet. Nach der „Entfestung" 1873 erweiterte man die Gräben zu jenen Hafenkanälen, die dem einstigen Verlauf der Festungsgräben folgen und noch heute das Bild des Stralsunder Hafens bestimmen.

Im Laufe der Jahrhunderte erfüllte der Stralsunder Hafen die vielfältigsten Aufgaben. Zuerst waren es hauptsächlich Handel, dazu Fischerei und Fährverkehr. Hinzu kamen später verstärkt die Marine (seit der Schwedenzeit), die Versorgung der Insel Rügen, der Postverkehr nach Schweden und schließlich – ab 1883 bis zur Fertigstellung des Rügendamms 1936 – der Eisenbahn-Fährverkehr.
Die großen Backsteingebäude der Speicher auf der Hafeninsel erinnern an den umfangreichen Umschlag und die Lagerung von Getreide aus dem vorpommerschen Umfeld in der ersten Hälfte des 20. Jahrhunderts.

Der Hafen heute

Im nördlichen Teil des Hafens bestimmen heute Freizeit und Tourismus das Bild. Im Schutz der breiten Nordmole, dem beliebtesten Spazierweg im Stralsunder Hafen, liegen im Sommer einige hundert Jachten. Vom weiter stadtwärts der Marina gelegenen Ippenkai starten, ganz der uralten Tradition entsprechend, die Fährschiffe der „Weißen Flotte" nach Altefähr sowie die Ausflugsschiffe zur Insel Hiddensee. Von hier aus geht es auch zur Hafenrundfahrt.
Auf der Nördlichen Hafeninsel fällt zuerst das Segelschiff „Gorch Fock" auf, eine 1933 gebaute Bark, die als Museumsschiff an der Mole der Ballastkiste liegt. Längs zum Außenkai der Hafeninsel, zwischen den großen Speichern

der Hafenmeile, dominiert das OZEANEUM mit seinen weißen Baukörpern. Dieses 2008 fertiggestellte hypermoderne Gebäude ist der jüngste Außenstandort des Deutschen Meeresmuseums und die weitaus meistbesuchte Touristenattraktion der Stadt. Es birgt großdimensionierte Meeresaquarien, die eine faszinierende Unterwasserreise durch die nördlichen Meere versprechen. Dazu diverse meereskundliche Ausstellungen und die beeindruckende Exposition „Riesen der Meere".
Am Hansakai neben dem historischen Hafenamt, nördlich der Steinernen Fischbrücke, legen im Sommerhalbjahr die Flusskreuzfahrtschiffe an. Südlich davon führt eine Klappbrücke über den Querkanal zur Südlichen Hafeninsel, die schon längst ihren Inselcharakter verlor, da sie durch Aufschüttung mit dem übrigen Hafengelände verbunden ist. Im heutigen Seehafen Stralsund mit seinen Liegeplätzen am Schwedenkai der Südlichen Hafeninsel sowie unmittelbar nördlich und südlich von Rügen- und Ziegelgrabenbrücke werden jährlich etwa eineinhalb Millionen Tonnen Massengüter umgeschlagen.
Die Hafenkanäle (Fähr-, Semlower, Baden-, und Langenkanal) zwischen Hafeninsel und Altstadt verleihen dem Stralsunder Hafen einen besonderen Reiz. Von vier kleinen Brücken überspannt, bieten sie der Sportschifffahrt geschützte Liegeplätze. Auf der Landseite der Kanäle entstand in jüngster Zeit eine zweite Hafenmeile, die mit dem Umbau der Kronlastadie einen weiteren Höhepunkt erhielt.

◀ *Nördliche Hafeninsel – Hier dominiert das 2008 eröffnete OZEANEUM mit seiner interessanten Architektur. Unten rechts die Hafenkanäle und die Kronlastadie, mit der jüngst eine neue touristische Attraktion entstand.*

Brücken über den Strelasund

Von Anfang an war Stralsund auch das „Tor zur Insel Rügen". Von hier aus wurde der weitaus größte Teil des Personen- und Güterverkehrs zur größten und bevölkerungsreichsten deutschen Insel abgewickelt. Im beginnenden 20. Jahrhundert erschien durch die rasante Entwicklung von Wirtschaft und Fremdenverkehr eine feste Verbindung zur Insel Rügen immer dringender. Nach fünfjähriger Bauzeit wurde 1936/37 der Rügendamm als kombinierter Eisenbahn-Straßen-Verkehrsweg fertiggestellt. Er besteht aus einer Klappbrücke über den Ziegelgraben – der Ziegelgrabenbrücke – zwischen dem Festland und der Insel Dänholm, einem aufgeschütteten Damm und einer Brücke über den Strelasund nach Rügen – der Rügendammbrücke. Wenige Tage vor Kriegsende sprengten deutsche Truppen die Ziegelgrabenbrücke, die erst 1949 wieder bedingt funktionstüchtig war, seither aber „Pflegefall" blieb und über die – nach wie vor – der gesamte Eisenbahnverkehr zur Insel Rügen läuft.

Die regelmäßigen Öffnungszeiten der Ziegelgrabenbrücke für den Schiffsverkehr führten nach der politischen Wende 1989, bei beständiger Zunahme des Straßenverkehrs, oft zu chaotischen Verkehrsverhältnissen. Der unumgängliche Neubau einer Straßenbrücke, die einen ungehinderten Schiffsverkehr ermöglicht – mit einer zeitgemäßen Anbindung an das Autobahnnetz – wurde 2004 begonnen. Die neue Rügenbrücke parallel zum Rügendamm konnte im Oktober 2007 fertiggestellt werden. Das Herzstück der fast drei Kilometer langen Konstruktion ist eine Schrägseilbrücke über den Ziegelgraben, deren markanter, 128 Meter hoher Pylon ein neues Wahrzeichen der Stadt bildet.

Volkswerft Stralsund

Seit jeher werden am Strelasund Schiffe gebaut – in sehr unterschiedlicher Stückzahl und Größe. Nach einem Boom gegen Ende der Ära der Segelschiffe verpasste Stralsund im ausgehenden 19. Jahrhundert den Anschluss an den Stahlschiffbau. Erst nach dem Zweiten Weltkrieg schrieb man in Stralsund ein neues Kapitel Schiffbaugeschichte. Mit der 1948 gegründeten und auf dem Gelände südlich der Ziegelgrabenbrücke neu gebauten Volkswerft entstand im Laufe weniger Jahre eine hochleistungsfähige Spezialwerft für Fischereischiffe, in der zeitweise über 8 000 Mitarbeiter tätig waren. Die Volkswerft entwickelte sich ab 1954 zu einem der größten Exportbetriebe der DDR, der vor allem in die Sowjetunion lieferte. Es entstanden anfangs hauptsächlich Kutter, Logger (Großserie von über 500 Schiffen) und Trawler, später bis zu 120 Meter lange Fang- und Verarbeitungsschiffe – bis zur Wende insgesamt über 1 200 Schiffe.

Nach ihrer Privatisierung im Jahre 1993 wurde die Volkswerft zur Kompaktwerft umgebaut. Durch den 1999 abgeschlossenen Umbau ist sie heute eine der modernsten Werften Europas. Die schon aus weiter Ferne sichtbare, gewaltige Schiffbauhalle (1997 fertiggestellt; Höhe 74 m, Länge 300 m, Breite 108 m) ist eine der größten der Welt. In den vergangenen zwei Jahrzehnten entstanden hier vor allen Dingen Container-, Fähr- und Spezialschiffe. Die Volkswerft war und ist auch heute (mit nur noch rund 1200 Mitarbeitern) der weitaus größte Arbeitgeber der Hansestadt.

Insel Dänholm

Die kleine Insel im Strelasund vor Stralsund, über die heute die Brücken nach Rügen führen, wurde wohl lange Zeit nur landwirtschaftlich genutzt und erst durch ihre Militärgeschichte bekannt. Ende des 17. Jahrhunderts errichteten hier die Schweden eine Schanzenanlage – die Sternschanze.

Die Preußen machten die Insel zur Wiege ihrer Marine. In aufwändiger Handarbeit wurden ab 1850 Dänholmhafen und Dänholmkanal ausgehoben und der Aushub am Südufer des dadurch abgetrennten Kleinen Dänholm zu hohen schützenden Wällen aufgeschüttet. Am Hafen entstanden die noch teilweise erhaltenen Kanonenbootschuppen. Es folgte – mit kurzen Unterbrechungen – eine militärische Nutzung der zeitweise gesperrten Insel, die bis 1991 dauerte und die verschiedensten Spuren hinterließ; wie die vielen Kasernen, die inzwischen zivil genutzt werden. Das Marinemuseum in der Sternschanze informiert über die wechselvolle militärische Geschichte des Dänholms sowie über Stralsund als ehemalige Garnisonsstadt.

Heute hat der Dänholm einen parkartigen Baumbestand. Im Dänholmhafen gibt es eine große Marina. Am Dänholmkanal entstand der moderne Bauhof (Tonnenhof) des Wasser- und Schifffahrtsamtes Stralsund. Eine besondere Attraktion auf dem Kleinen Dänholm ist das NAUTINEUM Dänholm, eine Außenstelle des Deutschen Meeresmuseums, die 1999 auf dem weitläufigen Geländes des Alten Tonnenhofes eröffnet wurde. Auf den Freiflächen und in den Ausstellungshallen werden zahlreiche Großexponate der Fischerei und Meeresforschung gezeigt. In der neu gebauten hölzernen Bootshalle sind u.a. zahlreiche historische Boote der vorpommerschen Fischer im Original zu bewundern – so auch ein voll aufgetakeltes und ausgerüstetes Zeesboot von 1870, ein Denkmal für die einst sehr bedeutende Stralsunder Zeesenfischerei. Das begehbare Unterwasserlabor Helgoland, das größte Exponat im NAUTINEUM, ist ein einzigartiges Denkmal der deutschen Meeresforschung.

▷ *OZEANEUM – Blick in die Ausstellungshalle „Riesen der Meere", die hier in Originalgröße zu bewundern sind.*

▷
▷ *OZEANEUM – Die weiße Stahlverkleidung der Baukörper erinnert an riesige Segel.*

△ *Hafenamt – In diesem historischen Gebäude aus dem 19. Jahrhundert hat auch heute noch eine Behörde – das Stralsunder Hafenamt – ihren Sitz. Davor liegt das kleine Seenot-Rettungsboot der „Deutschen Gesellschaft zur Rettung Schiffbrüchiger“, das schon oft havarierten Sportbooten zu Hilfe kam.*

▷ *Museumschiff „Gorch Fock“ – Die betagte Bark, 1933 gebaut, hat eine schicksalsschwere Geschichte. Einst in Stralsund beheimatet, wurde sie kurz vor Kriegsende 1945 versenkt, später gehoben und restauriert. Als „Towarischtsch“ lange Jahre in sowjetischer Hand, kam sie 2003 endlich wieder nach Stralsund.*

Gorch Fock
Stralsund

◁ *Am Molenkopf – Die lange, breite Nordmole, die sich schützend vor den Hafen legt, ist bei Touristen ebenso beliebt wie bei Einheimischen. Im Sommer bildet der Molenkopf einen gern besuchten Aussichtspunkt. Im Winter stehen hier, geduldig auf den Zander wartend, die Angler.*

△ *Segeln mit Altstadtblick – Der Strelasund zählt zu den beliebtesten Segelrevieren an der deutschen Ostseeküste. Nicht nur die Stralsunder, sondern auch ihre Gäste segeln hier gern einmal „hart am Wind" – meist mit der fantastischen Sicht auf die Altstadt.*

◁ *Hafenblick – Das Luftbild bietet eine sommerliche Sicht auf die belebte Hafeninsel: unten die Nordmole mit Sportbooten, rechts davon Ippenkai mit Passagierschiffen, darüber die Hafenkanäle; links die Ballastkiste mit Flusskreuzfahrtschiff, Museumschiff „Gorch Fock", Hafenamt und Steinerne Fischbrücke.*

△ *Jachthafen an der Nordmole – Die beliebtesten Stralsunder Liegeplätze sind die an der Nordmole. Von hier aus ist man rasch im Fahrwasser in Richtung Hiddensee, dem bevorzugten Wochenendziel der Stralsunder Segler. Auch der Greifswalder Bodden mit seinen kleinen Häfen lockt viele aufs Wasser.*

FISCHERMANN'S

◁ *Am Ippenkai – Die quirlige Unruhe vor der Abfahrt des „Hiddenseedampfers" ist einer eher beschaulichen Atmosphäre gewichen. Der große Speicher steht am Nordrand der Nördlichen Hafeninsel, die sich innerhalb weniger Jahre zum Touristenmagnet entwickelte.*

△ *Winterlicht – Anfang Dezember geht es am Wasser deutlich ruhiger zu. Wer in dieser Zeit unterwegs ist, kann manchmal zauberhafte Lichtstimmungen am Hafen und über dem Sund erleben – so wie hier an der Fährbrücke, an der Ecke der Nördlichen Hafeninsel.*

△ *Blick zu den Brücken – Die Aussicht aus der Luft zeigt im Hintergrund die Insel Rügen, davor die Insel Dänholm und die beiden parallelen Brückenbauwerke der Sundquerung; links die Altstadt mit Marienkirche, rechts die Frankenvorstadt, dazwischen der Frankenteich; unten das Bahnhofsviertel.*

▷ *Rügenbrücke und Ziegelgrabenbrücke – Im eleganten Schwung strebt die Fahrbahn zur Hochbrücke mit ihrem 128 Meter hohen Pylon, einem neuen Wahrzeichen der Stadt. Der alte, parallel dazu verlaufende Rügendamm mit der Ziegelgrabenbrücke, über die Straße und Schiene führen,wirkt dagegen sehr bescheiden.*

△ *Insel Dänholm – Die etwa einen Quadratkilometer große Insel im Strelasund vor Stralsund wird durch den Ziegelgraben vom Festland getrennt. Sowohl die Rügenbrücke, als auch der Rügendamm überqueren die Insel.*

◁ *Rügenbrücke – In fast 45 Metern Höhe führt die dreispurige Fahrbahn der neuen Brücke über den Ziegelgraben und ermöglicht damit auch Schiffen mit sehr hohen Aufbauten bzw. Masten die ungehinderte Durchfahrt – ohne dass der Straßenverkehr zum Erliegen kommt.*

▷ *Brückenblick – Vom NAUTINEUM Dänholm hat man den interessantesten Blick auf das Herzstück beider Brücken – auf den gewaltigen Pylon der neuen Rügenbrücke und auf die betagte Klappbrückenkonstruktion der alten Ziegelgrabenbrücke.*

VOLKSWERFT STRALSUND

◁ *Volkswerft Stralsund 2009 – Auf der 1948 gegründeten Werft liefen bis 1990 mehr als 1200 Fischereischiffe vom Stapel. Danach wurde sie modernisiert. Heute stehen oft dunkle Wolken über der Werft, deren Zukunft nach mehrfachem Eignerwechsel und Umbenennung in MV-Werft noch unklar ist.*

△ *MV-Werft Stralsund 2017 – Die gewaltige Schiffbauhalle übertrifft mit ihren Maßen alle anderen Gebäude in Vorpommern: Sie ist 74 Meter hoch, 300 Meter lang und 108 Meter breit. Und sie liegt zum Glück von der Altstadt so weit entfernt, dass sie deren Bild kaum stört.*

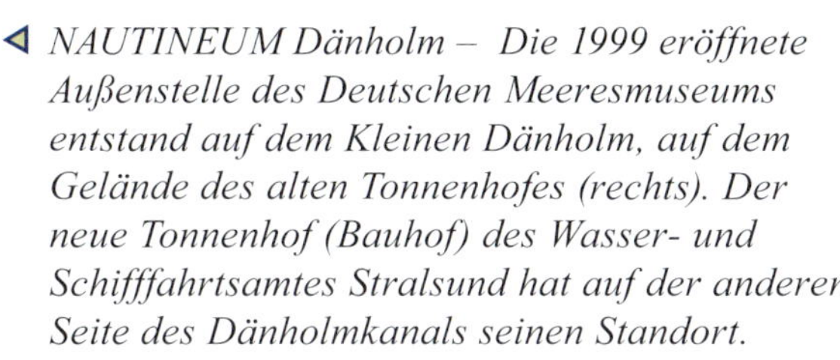
◁ *NAUTINEUM Dänholm – Die 1999 eröffnete Außenstelle des Deutschen Meeresmuseums entstand auf dem Kleinen Dänholm, auf dem Gelände des alten Tonnenhofes (rechts). Der neue Tonnenhof (Bauhof) des Wasser- und Schifffahrtsamtes Stralsund hat auf der anderen Seite des Dänholmkanals seinen Standort.*

△ *NAUTINEUM Dänholm – Die größten und interessantesten Exponate im NAUTINEUM sind sicher das Unterwasserlabor Helgoland (links) im Freigelände und das Zeesboot STR-9 – die Replik eines Stralsunder Zeesbootes von 1870 – ein Denkmal für die einst sehr bedeutende Stralsunder Zeesenfischerei.*

STR.22
STR-18

◁ *Dänholmhafen – Im südlichen Teil des Dänholms wurde 1850 mit dem Bau dieses Hafens begonnen. Er wurde zur „Wiege der preußischen Marine". Hier entstanden mehrere Kanonenbootschuppen für Segel- und Ruderkanonenboote. Fünf dieser rotbraunen Schuppen sind noch erhalten und stehen heute unter Denkmalschutz.*

△ *Dänholmhafen – Heute finden sich in diesem besonders geschützt gelegenen Hafen mit „Brückenblick" zahlreiche Sportboot-Liegeplätze.*

▷ ▷ *Hafenmeile – Das neue OZEANEUM und die restaurierten alten Gebäude an der Außenseite der Nördlichen Hafeninsel.*

SEEFUCHS
SEEFUCHS
GREIFSWALD

VORSTÄDTE UND VORORTE

Knieper, Franken, Tribseer und neue Stadtgebiete

Zwischen der von Teichen umgebenen Stralsunder Altstadt und der flachen vorpommerschen Feldlandschaft erstrecken sich im langen, schmalen Bogen zwischen Knieper Nord und Devin die abwechslungsreichen Vororte.

△ *Mahnkesche Mühle im Tierpark*

▷ *Neubaugebiete Knieper Nord (rechts) und Knieper West (links), im Hintergrund Kubitzer Bodden, Insel Hiddensee und Insel Bock; am Horizont links die freie Ostsee*

Stralsund war eine Festung mit Mauern, Türmen, Bastionen, Teichen und Vorwerken. Diese starren Grenzen machten es bis weit ins 19. Jahrhundert hinein unmöglich, die Stadt dauerhaft zu erweitern.

Vorortgeschichte

Schon sehr früh gab es in der etwas weiteren Umgebung der Stadt kleine, in ihrem Ursprung möglicherweise slawische Dörfer oder Weiler. Unmittelbar vor den Mauern und Teichen der Stadt aber siedelten jene „Ackerbürger", die wesentlichen Anteil hatten an der Versorgung der übrigen Stadtbewohner. Sie lebten außerhalb der gut befestigten Stadt natürlich weitgehend ungeschützt. Bei anrückenden feindlichen Heeren fanden sie zwar als Stralsunder Bürger mit ihren Familien, dem Vieh und ihrer Habe notdürftige Unterkunft innerhalb der Mauern. Ihre Anwesen aber mussten sie „niederlegen", abbauen.

Eine Entwicklung von Vorstädten war bis hinein ins 19. Jahrhundert auf Grund des Festungscharakters der Stadt unmöglich. Zwar wurden, sogar ohne Zustimmung der preußischen Militärverwaltung, bereits ab 1860 auch außerhalb der Mauern Wohnhäuser errichtet, aber noch 1863 – als die Eisenbahn Stralsund erreichte – durfte lediglich ein hölzernes Empfangsgebäude gebaut werden, das im Notfall schnell abzureißen war. Erst nach der offiziellen „Entfestung" der Stadt 1873 konnten sich die heutigen Vorstädte frei entwickeln. Es entstanden – außer den neuen Anwesen von Ackerbürgern – rasch erste Wohngebiete, die Anfänge von Franken-, Tribseer- und Kniepervorstadt.

Im ausgehenden 19. und im beginnenden 20. Jahrhundert wuchsen zuerst an den Dämmen (Knieper-, Tribseer und Frankendamm) sowie um den 1905 fertiggestellten Hauptbahnhof ganze Straßenzüge von „Stadthäusern" mit repräsentativen Fassadenfronten. In der Frankenvorstadt entwickelte sich ein kleines Industriegebiet mit Fabriken, Gaswerk und Werft. Vor und zwischen den Weltkriegen entstanden zunehmend einfache Siedlungs- und Mietshäuser, aber auch die prächtigen Villen der Kniepervorstadt.

Nach dem Zweiten Weltkrieg war der Wohnraumbedarf extrem groß. Also baute man ganze Viertel von Wohnblocks – anfangs, in den fünfziger Jahren, noch von bescheidener Dimension als Ziegelbauten in der Frankenvorstadt. In den sechziger Jahren, nach Einführung der Plattenbauweise, errichtete man „auf der grünen Wiese" am Stadtrand zuerst das Neubaugebiet Knieper Nord und danach, in den siebziger und achtziger Jahren, die großdimensionierten Blöcke und Hochhäuser von Knieper West; zuletzt – bis zur Wende – noch Grünhufe.

Nach 1990 erschloss man neue Wohngebiete und errichtete dort zahlreiche Eigenheime. An der Stadtgrenze, teilweise außerhalb des Stadtgebietes, entstanden mehrere Gewerbegebiete.

◁ *Blick zur Knieperbucht – Zwischen Knieperteich und Strelasund führt der Knieperdamm von der Altstadt hinüber zur Kniepervorstadt. Sie hat mit der Sundpromenade das schönste Ufer der Stadt.*

Stadtgebiet Knieper

Das bevölkerungsreichste Stralsunder Stadtgebiet mit Kniepervorstadt, Knieper West und Knieper Nord besitzt eine besonders lange „Wasserseite" – das Ufer am Strelasund. Mit Sundpromenade und Badeanstalt verfügt es dort auch über einen bei den Stralsundern besonders beliebten Freizeitbereich. Das umgestaltete Freibad erhielt einen neuen, breiten Sandstrand. Ein schöner Fuß- und Fahrradweg führt in Verlängerung der Sundpromenade längs des Ufers vorbei an der baumbestandenen Schwedenschanze und der Hochschule Stralsund. Landeinwärts bietet die Brunnenaue einen stilvollen Park mit wertvollem Baumbestand.

Das Stadtgebiet Knieper mit seinem grünen Villenviertel und den Neubaugebieten wird nach Süden hin begrenzt von Moorteich und Stadtwald. Aus einem Wildgehege am Rande des Stadtwaldes entwickelte sich im Laufe der vergangenen 50 Jahre der beliebte Zoo Stralsund, der in einem parkartigen Gelände einen bemerkenswerten Tierbestand „vom Bauernhof bis zur Savanne“ präsentiert. Mit einem Ackerbürgerhof, der hier neu aufgebauten Mahnkeschen Mühle und einem Findlingspfad erfüllt der Tierpark auch zunehmend die Rolle eines Freilichtmuseums.

Stadtgebiete Tribseer und Grünhufe

Das von Stadtwald, Moorteich und Knieperteich begrenzte Kerngebiet des Stadtgebietes Tribseer, die Tribseer Vorstadt mit dem Hauptbahnhof, liegt westlich der Altstadt. Der Jungfernstieg ist bekannt durch seine repräsentativen „Stadthäuser“ aus der Gründerzeit. Weiter landeinwärts entstanden in jüngster Vergangenheit nicht nur die Plattenbauten von Grünhufe, sondern auch ausgedehnte Eigenheimsiedlungen.

Stadtgebiet Franken

In der Frankenvorstadt hat man von den Grünanlagen am Wulflamufer aus einen besonders schönen Blick über den Frankenteich zur Altstadt. Auch das vom neuen Rügenzubringer gequerte Stadtgebiet Franken grenzt an den Strelasund. Das dortige Ufer ist aber zum großen Teil Hafen- und Werftgelände und somit nicht zugänglich – ausgenommen das Ufer vor der Frankensiedlung. Manche der früher in diesem Stadtgebiet angesiedelten und die Stadtansicht beherrschenden Betriebe wie Zuckerfabrik oder Gaswerk (später Ölspaltanlage) verschwanden in den vergangenen zwei Jahrzehnten spurlos. Geblieben ist die inzwischen wesentlich erweiterte Stralsunder Brauerei, deren vorzügliches Bier sich heute nicht nur in Stralsund großer Beliebtheit erfreut.

◀ *Tribseer Vorstadt – Vom Bahnhofsviertel mit dem Hauptbahnhof sind es nur wenige Minuten Fußweg bis zur Altstadt (rechts), die der Knieperteich von der Tribseer Vorstadt trennt.*

Stadtgebiet Süd

Dieses am weitesten von der Altstadt entfernt gelegene Stadtgebiet ist auch das „ländlichste“ von allen und hat die weitaus längste Küstenlinie. Das winzige, landeinwärts gelegene Dorf Voigdehagen gilt als geschichtsträchtiger Ort. Hier residierte in den ersten Jahrzehnten nach Stadtgründung ein Vogt, der die Stadt im Auftrag des Landesherren verwalten sollte. Die kleine Backsteinkirche des Dorfes war die „Mutterkirche“ der drei großen Stralsunder Pfarrkirchen.
Der am Hochufer des Strelasundes gelegene Stadtteil Andershof geht mit seinem neuen Eigenheim-Wohngebiet fast über in das von Devin. Das bereits im Mittelalter bestehende Fischer- und Bauerndorf ist schon seit langer Zeit ein beliebtes Ausflugsziel der Stralsunder – mit Kurhaus, Kurpark und Badestrand. Vom Ort aus erstreckt sich zwischen Deviner Bucht und Deviner See die unbebaute Halbinsel Devin weit in den Strelasund hinein. Die fruchtbaren Äcker an ihrer Wurzel gehen über in das Naturschutzgebiet Halbinsel Devin mit seinen ausgedehnten, mit Ginster und Weißdorn bewachsenen trockenen Hügeln und den von Tümpeln und Mooren durchzogenen feuchten Senken. Dazu gehören auch die abwechslungsreichen Ufer am Strelasund und am Deviner See. Eine Schafherde sorgt dafür, dass der Charakter der offenen Landschaft erhalten bleibt. Von der früheren militärischen Nutzung des einstigen Sperrgebietes ist kaum noch etwas zu ahnen. Hier, am äußersten Ende des Stadtgebiets, findet man ein Stück besonders schöner Natur mit interessanter Tier- und Pflanzenwelt sowie einladenden Wanderwegen.

92

△ *Die Weißen Brücken – Der viel genutzte Fuß- und Radweg von der Altstadt über den Küterdamm zur Tribseer Vorstadt führt über diese schönen Holzbrücken, die ihren Namen nach dem Anstrich ihrer Geländer erhielten und bei Spaziergängern sehr beliebt sind.*

▷ *Blick zum Knieperteich – Die Aussicht vom Turm der Marienkirche zeigt den Knieperteich mit den Weißen Brücken. Links darüber die Villen der Tribseer Vorstadt, rechts die der Kniepervorstadt. Im Hintergrund links die Neubaublöcke von Knieper West.*

◁ *Eisfest auf dem Knieperteich – Wenn in strengen Wintern die Eisdecke auf den Stadtteichen trägt, treffen sich die Stralsunder auch manchmal auf dem Eis – selbst wenn es sich, da mit Schnee bedeckt, schlecht zum Schlittschuhlaufen eignet.*

△ *Blick über den Knieperteich – Altstadt, Mauern und Bastionen spiegeln sich im Wasser des Knieperteiches, an dessen Ufersäumen Enten, Schwäne, Rallen, Teichhühner, Haubentaucher und Graureiher brüten.*

◁ *Winterliche Brunnenaue – In diesem kleinen Park mit seinen hohen alten Bäumen hatte man im 19. Jahrhundert eine Quelle gefasst – einen „Heilbrunnen", dessen Wasser angeblich der Gesundheit zuträglich sein sollte.*

△ *Herbstliche Brunnenaue – Der prächtige Ginkgo mit seinem hellgelben Herbstlaub bildet den optischen Mittelpunkt der schönen Anlage, in der im Sommer ein Springbrunnen das Bild belebt.*

△ *Sundpromenade – . In den kalten, schneereichen Wintern vergangener Jahre war der Strelasund oft mit Eis und Schnee bedeckt. Dabei konnte man an der Sundpromenade manchmal solche zauberhaften Winterstimmungen erleben.*

▷ *Sundpromenade – Der mit alten Linden bestandene Uferweg am Strelasund ist mit Sicherheit zu jeder Jahreszeit einer der beliebtesten Spazierwege der Stadt – mit schönem Blick auf die Altstadt und übers Wasser hinüber nach Rügen.*

◁ *Badestrand – Seit einigen Jahren hat die „Stadt am Meer" wieder einen „richtigen" Strand. Dazu wurden große Mengen Sand aufgespült. Da sich die Wasserqualität im Strelasund in den vergangenen zwei Jahrzehnten stark verbesserte, kann man hier natürlich auch bedenkenlos baden.*

△ *Drachenfest am Strelasund – Das auf Höhe des Stadtgebietes Knieper gelegene Ufer am Strelasund bildet für die Stralsunder in jeder Jahreszeit ein beliebtes Freizeitziel – so wie hier beim ersten Drachenfest auf dem frisch aufgespülten Strand.*

△ *Moorteich – Er trennt die Kniepervorstadt (links) von der Tribseer Vorstadt (rechts) – oben rechts liegt die Altstadt. Die nicht bebauten Ufer des Moorteiches werden von Laubbäumen und Röhricht gesäumt, nach Westen schließt sich der Stadtwald (unten links) an.*

▷ *Westlicher Stadtrand – Das Luftbild zeigt rechts die Neubaublöcke von Knieper West samt Garagen und Kleingärten; darunter den großen Komplex des Einkaufszentrums Strelapark, links daneben das Sport- und Freizeitzentrum Hansedom; unten rechts das Gelände des Zoos.*

citti

◁ *Zoo Stralsund – Im parkartigen Gelände am Rande des Stadtwaldes hat der Stralsunder Zoo seinen Sitz. Ein durch das Areal fließender Bach speist die Teiche und Tümpel, auf denen sich nicht nur Pelikane, sondern auch zahlreiche andere Wasservögel sichtbar wohlfühlen.*

△ *Löwen im Zoo – Tiere aus vielen Lebensräumen „zwischen Bauernhof und Savanne" in möglichst artgerechten Gehegen zu zeigen ist das Anliegen des Stralsunder Tierparks. Langsam aber stetig gewachsen, zählt er heute zu den deutschen Tiergärten mit bester Bewertung.*

△ *Ackerbürgerhaus im Zoo – Neben der Tierhaltung erfüllt der Stralsunder Zoo auch zunehmend die wichtige Aufgabe eines volkskundlichen Freilichtmuseums. Mit diesem hierher umgesetzten Gehöft demonstriert man Leben und Arbeit der Stralsunder Ackerbürger.*

▷ *Mahnkesche Mühle. – Einst stand die letzte der vielen Stralsunder Mühlen als Ruine in der Frankenvorstadt. Hier im Zoo fand sie, perfekt rekonstruiert, ihren neuen Platz. Im Vordergrund ein traditioneller Bauerngarten, in dem sogar Weinstöcke gedeihen.*

VOLKSWERFT STRALSUND

◁ *Frankenvorstadt – Der Blick vom Turm der Marienkirche über den Frankenteich zur Frankenvorstadt mit dem Wulflamufer zeigt sehr deutlich, wie die gewaltige Schiffbauhalle der Werft das Bild jener Vorstadt bestimmt, die am stärksten von der Industrie geprägt wurde.*

△ *Frankenvorstadt und Altstadt – Auch in der durch den Frankenteich von der Altstadt getrennten Frankenvorstadt entstanden in jüngster Zeit viele neue Wohnhäuser – teilweise auf ehemaligem Industriegelände. Neu ist auch der Rügenzubringer im Vordergrund.*

◁ *Im Süden der Stadt – Im Vordergrund liegen Voigdehagen mit seiner winzigen Kirche sowie Voigdehäger Teich und Andershofer Teich – beide angestaut und nur durch den Bahndamm getrennt; rechts Andershof, links die Frankensiedlung, darüber Volkswerft und Dänholm.*

△ *Andershof und Devin – Das neue Eigenheim- und Gewerbegebiet von Andershof liegt links, rechts die Eigenheimsiedlungen von Devin, darüber der Kurpark, hinter dem sich der Ort versteckt. Die Halbinsel Devin erstreckt sich von dort aus weit in den Strelasund hinein.*

△ *Ufer vor Devin – Das Steilufer zwischen Devin und Andershof ist üppig bewachsen. Im Frühling blühen an diesem Kliff Wildkirschen, Schlehen und Weißdorn. Am sandig-steinigen Strand sind manchmal interessante Gesteine und Fossilien zu finden.*

▷ *Seebrücke Devin – Am neuen Schiffsanleger machen heute wieder die Ausflugsschiffe fest, die „Naherholer" vom Stralsunder Hafen hierher bringen. Damit wurde eine alte Tradition wiederbelebt, denn Devin war auch früher schon ein bevorzugtes Ausflugsgebiet der Stralsunder.*

Devin

◁ *Weizenfeld im Stadtgebiet – An der Wurzel der Halbinsel Devin liegen fruchtbare Äcker, deren schwere Lehmböden höchste Erträge bringen. Blick über den Strelasund zur Volkswerft (hinter der sich die Altstadt verbirgt), zur Rügenbrücke und zum Dänholm (rechts).*

△ *Kurpark Devin – Der alte Park mit seinen prächtigen Buchen und Eichen gehört zu den Kostbarkeiten der Stralsunder „Stadtlandschaft". Der schöne Weg führt vom Strand hügelan zum traditionsreichen Kurhaus, das heute wieder zur Einkehr einlädt.*

◁ *Halbinsel Devin – Blick von der höchsten Stelle am Strelasund, dem 23 Meter hohen Schalksberg (auch als „Höhe 23“ bezeichnet – ein Namensrelikt aus der Zeit, in der die Halbinsel militärisches Übungsgelände war), über den Sund zur Halbinsel Drigge. Auf dem Trockenrasen im Vordergrund blüht Thymian.*

△ *Halbinsel Devin – Malerisch auf den Hügeln verteilte Ginster- und Weißdornbüsche bestimmen das Bild im schönsten Teil der Halbinsel.*

▷ *Halbinsel Devin – Ginsterblüte auf den Hügeln –*
▷ *mancher mag es kaum glauben, dass er sich hier noch im Stralsunder Stadtgebiet befindet.*

DER STRELASUND

Meeresarm zwischen Rügen und dem Festland

Der lang gestreckte, schmale Strelasund, das Gewässer „vor der Haustür“ der Hansestadt Stralsund, zählt zu den vorpommerschen Bodden. Mit seinen abseits der Stadt nur wenig bebauten, stillen Ufern ist er bei Naturfreunden, Anglern und Wassersportlern sehr beliebt.

△ *Fischer mit Fang auf dem Strelasund*

▷ *Blick von Rügen zum Festland: der östliche Strelasund (oben) mit Glewitzer Wiek; vorn Halbinsel Zudar mit Maltziener Wiek und Schoritzer Wiek (unten)*

Vom Turm der Stralsunder Marienkirche bietet sich auch eine fantastische Aussicht auf den Strelasund. Beim Blick nach Norden hat der unbefangene Betrachter meist den Eindruck, dass sich hier ein stiller Meeresarm in der Ferne langsam zur freien Ostsee hin weitet. Doch dieser Eindruck täuscht. Denn der etwa 25 Kilometer lange und durchschnittlich nur zwei Kilometer breite Strelasund zwischen Rügen und dem Festland verbindet zwei Bodden miteinander – den Greifswalder Bodden im Südosten mit dem Kubitzer Bodden im Norden.

Strelasundgeschichte

So wie die gesamte Landschaft des vorpommerschen Küstengebietes zählt auch die Boddenküste zu den jüngsten Landschaften Deutschlands, entstanden erst am Ende der Eiszeit. Eiszeitliche Ablagerungen (Moränen) bilden überall die Basis der Landschaft. Vor etwa 14 000 Jahren schürfte vermutlich eine schmale Eiszunge, die sich von der Hauptmasse des mächtigen Inlandeispanzers vorschob, ein lang gestrecktes, flaches Tal in diese Moränen. Das könnte der Ursprung des Strelasundes gewesen sein, der damit eine ganz ähnliche Geschichte hätte wie die Förden in Schleswig-Holstein.

Später, vor etwa 12 000 Jahren, durchströmten von Südosten her gewaltige Schmelzwassermassen dieses Tal und schürften es weiter aus – formten es zum „Urstromtal". In der anschließenden Festlandszeit – als das Eis restlos geschmolzen und die Schmelzwässer endgültig versiegt waren – grub ein schmaler, rasch fließender Fluss sein Bett stellenweise recht tief in den Grund dieser flachen Talsenke. Das Ergebnis beider Ereignisse erkennt man an den Wassertiefen im Strelasund: Auf großer Fläche unterschreiten sie kaum die Vier-Meter-Marke. Das war vermutlich der einstige Boden des Urstomtals. Darin aber zeigt sich auf langer Strecke eine markante schmale, flussartig gewundene Rinne. Im nördlichen und südöstlichen Abschnitt liegen dort die Wassertiefen bei etwa sechs bis zehn Metern, im mittleren Abschnitt sogar bei über zehn Metern; zwischen den Halbinseln Devin und Drigge sind es 17 Meter – die weitaus größte Tiefe aller Boddengewässer. Vor etwa 6 500 Jahren drang dann mit rasch ansteigendem Meeresspiegel die Ostsee (genauer: das Litorinameer) von beiden Seiten her in diese Senke ein. Erst zu diesem Zeitpunkt entstand der Strelasund und wurde Rügen zur Insel. Ungefähr vor 4 000 Jahren erreichte der Meeresspiegel seinen heutigen Pegel, der seither nur geringfügig schwankt.

◁ Sundblick – Wer den Turm der Marienkirche erklommen hat, der überblickt nicht nur das gesamte Stadtgebiet von Stralsund, sondern auch den Strelasund in seiner vollen Länge.

Das Wasser im Strelasund

Der Strelasund zählt zu den vorpommerschen Boddengewässern. Bodden sind weder Meer noch Binnensee, sondern eine echte Besonderheit: einstige offene Buchten der Ostsee, heute durch Sandhaken oder Nehrungen weitgehend vom Meer abgeschnitten – weitgehend, aber nicht vollständig. Es gibt einen Wasseraustausch zwischen den Bodden und der Ostsee durch zwei schmale Verbindungen im Bereich der Insel Hiddensee und durch eine breite zwischen Greifswalder Bodden und Pommerscher Bucht. Daher enthalten alle Bodden, so auch der Strelasund, salziges Wasser. Der Salzgehalt ist dabei mit etwa 6 - 8 Gramm pro Liter etwas geringer als der in der freien Ostsee vor Rügen (etwa 10 - 12 Gramm pro Liter). Er reicht einerseits aus, dass Salzwasserfische wie Flunder, Hering und Hornfisch hier leben oder zumindest laichen. Andererseits ist er

so gering, dass auch Süßwasserfische wie Hecht, Zander oder Barsch gut gedeihen. So war und ist der Strelasund ein ertragreiches Fischereigewässer. Eine weitere Besonderheit: Die Bodden vollziehen alle nur durch Windwirkung bedingten unregelmäßigen Pegelschwankungen der freien Ostsee nach. Deshalb kann man am Strelasund sowohl Windebbe als auch Sturmhochwasser (Sturmflut) beobachten.

Wenn eine schwere Sturmflut die vorpommersche Küste heimsucht, ist Stralsund – trotz seiner anscheinend geschützten Lage – oft besonders betroffen. Bei der Sturmflut im November 1872 stürmten bei einem Pegelstand von 2,39 Meter über Normal hohe Wellen gegen den Stralsunder Hafen und richteten dort schwere Schäden an.

Das Wasser des Strelasundes strömt oft mit bemerkenswerter Geschwindigkeit – einmal in nördlicher Richtung, ein anderes Mal in Gegenrichtung. Nun wird der Strelasund zwar zu den Bodden gerechnet. Er gilt jedoch durch einige Eigenarten – seine langgestreckte Form, seine insgesamt größere Tiefe und die ungewöhnliche Dynamik seines Wasserkörpers – als ein besonderes Gewässer.

Anders als in der freien Ostsee bildet sich im Winter recht schnell eine geschlossene Eisdecke. Bei ruhigem Wetter reichen dafür schon einige windstille Frostnächte. Oft setzt die Eisbildung bereits im Dezember ein. Hin und wieder (bisher etwa alle zehn Jahre) gibt es einen strengen Frostwinter, manchmal auch mehrere hintereinander. Dann kann das Eis stellenweise eine Dicke von mehr als 40 Zentimetern erreichen.

◀ *Altefähr – Der kleine, malerisch am Sundufer gelegene Ort hat als Fährstation eine uralte Tradition, die vermutlich bis in die Zeit vor der Stadtgründung Stralsunds zurückreicht.*

Die Ufer am Strelasund

Zeitgleich mit dem Vordringen des Meeres entstanden, vor den Augen unserer steinzeitlichen Vorfahren, fast überall an den Ufern aktive Steilufer aus eiszeitlichen Ablagerungen, meist aus Geschiebemergel bzw. -lehm. An ihnen arbeitete das Meer.

Damals fehlten noch die Barrieren, die Sandhaken und Nehrungen, welche heute die Bodden fast von der Ostsee abschnüren. Deshalb wirkte die Kraft der Wellen an den neu entstandenen Kliffen auch viel stärker, als wir es gegenwärtig kennen; es kam zu erheblicher Abtragung. Sogar im heutigen Stadtgebiet von Stralsund bildeten sich damals auf Höhe Kniepervorstadt und Andershof markante Steilufer. Diese Dynamik schwächte sich zwar im Laufe der Zeit immer mehr ab; die meisten der Kliffe sind inzwischen bewachsen. Es gibt aber auch heute noch aktive Steilufer, die man hier – so weit entfernt vom offenen Meer – kaum vermutet. Beispielsweise das markante Nordwestufer der Halbinsel Devin. Weitere auffallende, nur wenig bewachsene Steilufer aus Geschiebelehm gibt es am Gelben Ufer nördlich Altefähr und am Kliff des Maltziener Ufers auf dem Zudar. Auf der Halbinsel Drigge findet man einen wallartigen Sandrücken, ein Os, aufgeschüttet vom Schmelzwasser in einem Tunnel unterm Inlandeis. Dieses Gustower Os bildet am Westufer der Drigge ein markantes Sandkliff.

Den Steilufern unmittelbar vorgelagert, findet man im Flachwasser streckenweise eine ausgeprägte, kaum geneigte Schaar mit Wassertiefen von weniger als einem Meter und mit nur dünner sandiger oder steiniger Auflage auf dem festen Geschiebemergel. Die Breite dieser auffallenden Flachwasserzone, die bei Windebbe großflächig trockenläuft, entspricht etwa dem Uferrückgang in den vergangenen 4 000 Jahren.

Das von den Steilufern abgetragene Material wurde mit der oft recht starken Strömung parallel zum Ufer transportiert, der Sand an anderer Stelle – meist an Landvorsprüngen – in Form von Sandhaken und Strandwallebenen abgelagert. Zu den Sandhaken zählen der Deviner Haken und der Vogelhaken an der Halbinsel Glewitz. Die größte, heute bewaldete sandige Strandwallebene findet man im Bereich des Palmer Ortes. Die längsten Uferbereiche am Strelasund werden heute gesäumt von einem stellenweise sehr breiten Schilfgürtel.

Natürlich wurde auch das für die Kulturgeschichte interessanteste Ufer am Strelasund einst von der Küstendynamik geformt: ein inselartiges, etwas erhöht gelegenes Areal mit annähernd dreieckiger, grob an eine Pfeilspitze erinnernde Form – die „Altstadtinsel" – ein idealer Platz für eine Stadtgründung am Meer. Es könnte sogar sein, dass gerade dieser inselartige Hügel (und nicht, wie allgemein vermutet, die früher fast kreisrunde Insel Dänholm) von den hier bereits vor über 1 000 Jahren siedelnden Slawen „Strela" (Pfeil) genannt wurde. Hier also hatte der Strelasund schon lange vor der Stadtgründung ein niedriges Steilufer (darauf baute man später die Stadtmauer) mit vorgelagertem Sand- und Geröllstrand (dort entstand später der Hafen) geformt. Beiderseits des Inselkerns bildeten sich später Strandwälle, in den Senken dahinter staute sich das Wasser. Aus diesen allmählich verlandenden Strandseen wurden schließlich, zusätzlich angestaut, die schützenden Stadtteiche der Hansestadt Stralsund, der „Perle am Strelasund". Heute sind die Strelasundufer zwischen Werft und Schwedenschanze auf einer Länge von dreieinhalb Kilometern lückenlos bebaut. Außerhalb des Stadtgebietes aber gibt es mit Ausnahme von Altefähr, Parow und Stahlbrode keine nennenswerte Bebauung.

Geschützte Natur am Strelasund

Der aufmerksame Beobachter wird an den Ufern des Strelasundes so manches Interessante in Landschaft, Tier- und Pflanzenwelt beobachten – besonders auf den Halbinseln Drigge, Devin und Zudar sowie an den stillen Seitenarmen von Deviner See, Wamper Wiek, Gustower Wiek, Kemlade, Glewitzer Wiek und Puddeminer Wiek. Weite Gebiete der rügenschen Sundufer stehen als „LSG Südwest-Rügen-Zudar" unter Landschaftsschutz. Große Teile des Strelasundes gehören als besonders wertvolles Rastgebiet für Küstenvögel offiziell zum „Europäischen Vogelschutzgebiet Greifswalder Bodden und südlicher Strelasund". Im „Naturschutzgebiet Halbinsel Devin" findet man eine offene Landschaft eindrucksvoller Moränenhügel (die höchsten Erhebungen am Strelasund) mit einem aktiven Kliff (mit Uferschwalbenkolonie) und dem Deviner Haken, sowie Moore und Feuchtwiesen mit Orchideen. Im benachbarten Deviner See brüten u.a. zahlreiche Enten, Schwäne und Rohrsänger. Zur Rastzeit finden sich tausende Gänse, Enten, Säger und Rallen ein – so wie in der gegenüber gelegenen Gustower Wiek und in der Kemlade.

Das „Naturschutzgebiet Kormorankolonie bei Niederhof" im alten Gutspark des Ortes, direkt am Strelasund, bildet mit einer der größten Kormoran-Brutkolonien an der deutschen Küste eine besondere Attraktion. Ein durch den Park führender Wanderweg ermöglicht es, Kormorane und Fischreiher bei ihrem Brutgeschäft aus nächster Nähe zu beobachten. Dagegen bleibt das auf rügenscher Seite gelegene „Naturschutzgebiet Vogelhaken Glewitz" als Küstenvogel-Brutgebiet ganz den Vögeln vorbehalten.

▷ *Naturschutzgebiet Halbinsel Devin – Die Moränenhügel der Halbinsel sind die höchsten Erhebungen am Ufer des Strelasundes.*

◁ *Fähre nach Altefähr – Auf diesem Wasserweg transportierte man über die Jahrhunderte Reisende und Waren aller Art. Heute sind es Touristen, die so den Strelasund queren.*

△ *Dorfkirche Altefähr – Die Backsteinkirche St. Nikolai (auch „St. Nikolaus zur Fähre") stammt aus dem 15. Jahrhundert und duckt sich auf dem Ufer hoch über dem Sund.*

◁ *Kurpark Altefähr – Der Park mit seinem alten Baumbestand am Uferhang erlaubt im Winter reizvolle Durchblicke zum Strelasund und hinüber nach Stralsund.*

△ *Randeis vor Altefähr – Beim Blick über den Strelasund vom Ufer nördlich von Altefähr zeigt sich die Stralsunder Altstadt mit einer besonders markanten Silhouette.*

△ *Zwischen Drigge und Devin – Zwischen den Halbinseln Drigge (unten) und Devin (gegenüber) ist der Strelasund nur etwa 1 200 Meter breit. Das ist nicht nur die schmalste, sondern auch die tiefste Stelle: 17 Meter.*

▷ *Deviner Haken – Vom Wasser aufgeschüttet, besteht dieser kleine Haken aus Sand und Kies. Seine Form ist nicht stabil, denn er wird bei Sturmhochwasser – je nach Windrichtung – immer wieder einmal „umgebaut".*

△ *Sandkliff – Am Westufer der Halbinsel Drigge gibt es dieses Kliff aus Schmelzwassersand, der sich als dammartiges „Gustower Os" in einem Tunnel unterm Inlandeis ablagerte. Bei Sturmhochwasser ist die Abtragung hier besonders intensiv.*

▷ *Lehmkliff – Dieses Steilufer am Maltziener Ufer auf dem Zudar besteht aus Geschiebelehm, der häufigsten eiszeitlichen Ablagerung am Sund. Starke Strömungen bei Sturmhochwasser lassen hier am Strand wenig Lockeres zurück.*

◁ *Sandstrand und Röhrichtgürtel – An den Ufern des Strelasundes gibt es als Besonderheit hier und da kleine Sandstrände vor dem Schilfgürtel – die „geheimen“ Badestrände der Einheimischen.*

△ *Röhrichtgürtel – Solche breiten Röhrichtgürtel wachsen besonders am Ufer stiller Buchten – hier im innersten Teil der Wamper Wiek nördlich der Halbinsel Drigge.*

◁ *Mittlerer Strelasund – Deviner See (rechts) und Strelasund umrahmen die markante Halbinsel Devin. Im Hintergrund liegt die Gustower Wiek und die Insel Rügen mit der Halbinsel Jasmund am Horizont.*

△ *Mittlerer Strelasund – Brandshagen (unten) liegt an einem heute längst verlandeten Seitenarm des Sundes. Über der neuen Eigenheimsiedlung (rechts) erkennt man Niederhof mit seinem Gutspark – Rügen im Hintergund.*

◁ *Prosnitzer Schanze – Diese Wallanlage geht auf die Schwedenzeit zurück. Hier wurde einst der Schiffsverkehr durch den Strelasund kontrolliert. Blick von Rügen über den Sund zum Gutspark von Niederhof am gegenüber liegenden Ufer.*

△ *Halbinsel Glewitz – Die kleine Halbinsel auf rügenscher Seite ist ein Inselkern, der durch eine winzige Nehrung mit dem Zudar (unten) verbunden ist und einen markanten Sandhaken besitzt, den Vogelhaken.*

△ *Kormorankolonie Niederhof – Die Problemvögel der vorpommerschen Küste haben hier im „Naturschutzgebiet Kormorankolonie bei Niederhof“ einen „Stammsitz“, von dem aus sie sich in den vergangenen Jahrzehnten stark ausbreiteten.*

▷ *Gutspark Niederhof – In dem am Strelasundufer gelegenen Park mit seinem schönen Bestand von Laubbäumen gibt es die Möglichkeit, Kormorane und Fischreiher aus nächster Nähe zu beobachten und schöne Spaziergänge zu unternehmen.*

◁ *Strelasundfischer – Im Frühling zieht zuerst der Hering in den Sund, um hier zu laichen; anschließend der Hornfisch. Beide werden dann (so wie hier in den Stellnetzen von Stralsunder Fischern) in großer Menge gefangen – sowohl von Fischern, als auch von den Anglern.*

△ *Fischerhafen Stahlbrode – In diesem neu gestalteten Hafen haben heute die meisten der wenigen kleinen Kutter, mit denen man noch im Sund fischt, ihren Liegeplatz. Einst besaß die Fischerei im Strelasund eine wesentlich größere Bedeutung als heute.*

△ *Glewitzer Fähre – Wer bei seiner Fahrt nach Rügen den Strelasund nicht in heute üblicher Weise auf einer Brücke queren möchte, für den gibt es eine schöne Alternative: die Autofähre zwischen Stahlbrode und Glewitzer Fähre.*

▷ *Segeln auf dem Strelasund – Meist ist hier das Wasser viel weniger bewegt als auf dem Foto – ausreichend Wind zum Segeln aber gibt es fast immer. Als ideales Revier wird der Sund bei Wassersportlern aller Art immer beliebter.*

GER
142
M85
D·10

◁ *Ufer nahe Riemserort – In diesem südlichsten Küstenabschnitt des Strelasundes gibt es einen besonders breiten Röhrichtgürtel. Zwischen ihm und dem Wald verläuft auch hier – so wie an vielen anderen Stellen – ein Wanderweg längs des Sundufers.*

△ *Strelasund bei Stahlbrode – Der kleine Ort mit Fähr-, Fischerei- und Sportboothafen liegt auf dem Festland. Der schmale Landstreifen ist die Halbinsel Glewitz, darüber Glewitzer Wiek, Halbinsel Tannenort, Puddeminer Wiek und Puddemin. Im Vordergrund der LandWert-Hof.*

◁ *Palmer Ort – Mit seinem grobsandigen Strand, den bewachsenen Dünen, dem von dichten Dünenkiefernwald bedeckten Strandwällen und einem verlandeten Strandsee ist der Palmer Ort eine früher von Sund und Bodden gebildete Aufschüttung – ein charakteristisches Höftland.*

△ *Palmer Ort und Strelasund – Von diesem markanten Landvorsprung an der Halbinsel Zudar verläuft die Grenzlinie zwischen dem Strelasund und dem Greifswalder Bodden (unten) hinüber zum Riemser Ort. Links liegt das Festland mit Stahlbrode; Stralsund am Horizont.*

◁ *Windebbe – Wenn beständiger Wind aus westlichen Richtungen das Wasser der Ostsee nach Nordosten schiebt, herrscht auch am Strelasund Windebbe. Dann fällt die ufernahe Flachwasserzone, die Schaar, großflächig trocken – so wie hier vor der Stralsunder Sundpromenade.*

△ *Randeis – Das dünne Eis bildete sich während der Nacht. Nun liegt es auf dem Trockenen, denn danach sank der Wasserstand. Nur selten werden die raschen Pegelschwankungen, die im Winterhalbjahr normal sind, so augenfällig wie hier, am Strand vor der Halbinsel Devin.*

◁ *Sturmhochwasser – Bei einem Wasserstand von 1,20 Meter über Normal und Sturm aus Nordwest toben die Wellen des Sundes am „nassen Dreieck“ gegen die Stralsunder Uferpromenade. Im November 1872 stand das Wasser noch einen Meter höher.*

△ *Winterlicher Strelasund – Bei Temperaturen unter Null ist das vom Sturm aufgewühlte Wasser des Sundes zwar noch eisfrei; das Spritzwasser aber gefriert bei dem eisigen Nordost bereits am Ufer. Für die vielen Wasservögel auf dem Sund beginnt nun die harte Zeit des Jahres.*

◁ *Eis auf dem Strelasund – In besonders kalten Wintern bedeckt sich der gesamte Sund mit einer geschlossenen Eisdecke, die manchmal bei einem Sturm gegen das Ufer geschoben wird – so wie hier an der Stralsunder Badeanstalt. Dann entstehen Eisaufpressungen, die auch höher sein können.*

△ *Winterliches Stralsund – Die Dächer der Altstadt sind ebenso verschneit wie der fest zugefrorene Strelasund und der Kubitzer Bodden in der Ferne.*

▷ *Raureiftag am Deviner See – Winterzauber auf der*
▷ *Halbinsel Devin, dem schönsten Stück Natur im Stadtgebiet von Stralsund am Strelasund.*

AUTOR UND MITARBEITER

Rolf Reinicke kennt Stralsund. Hier lebt und arbeitet er. Und hier hat er während seines aktiven Berufslebens Spuren hinterlassen – im Deutschen Meeresmuseum und besonders in seinen Außenstellen NATUREUM und NAUTINEUM, deren Leiter er war.

Der Geologe Rolf Reinicke ist ein hervorragender Kenner der gesamten Ostseeküste, bekannter Landschaftsfotograf und erfolgreicher Buchautor. Bisher erschienen von ihm mehr als 20 Bücher zum Thema Küstenlandschaften. Dafür lieferte er nicht nur die Fotos, sondern auch alle Texte.

Seine Frau Inge, pensionierte Gymnasiallehrerin, unterstützt ihn bei dieser Arbeit – sie dokumentiert, zeichnet und lektoriert.

Der als freier Grafiker und Designer in Kanada lebende Sohn Matthias arbeitet an vielen Büchern seiner Eltern mit. Für dieses gestaltete er den Vorsatz und die Karten.

Vom Autor empfohlene Karten:
Cityplan Stralsund, 1:5.000
ISBN 978-3-86636-013-6
Fahrradkarte Stralsund, 1:75.000
ISBN 978-3-86636-086-0
aus dem Verlag *grünes herz*®
(Ilmenau und Ostseebad Wustrow)

Küstenbücher
von Rolf Reinicke
im Demmler Verlag

Usedom
1. Auflage 2011
ISBN 978-3-910150-91-1

Mönchgut
1. Auflage 2011
ISBN 978-3-910150-92-8

Kliff und Strand
1. Auflage 2011
ISBN 978-3-910150-89-8

Steine am Ostseestrand
5. Auflage 2013
ISBN 978-3-910150-75-1

Funde am Ostseestrand
2. Auflage 2011
ISBN 978-3-910150-76-8

Feuersteine Hühnergötter
2. Auflage 2010
ISBN 978-3-910150-78-2

Fotos, Bücher und Vorträge
von Rolf Reinicke:
www.kuestenbilder.de

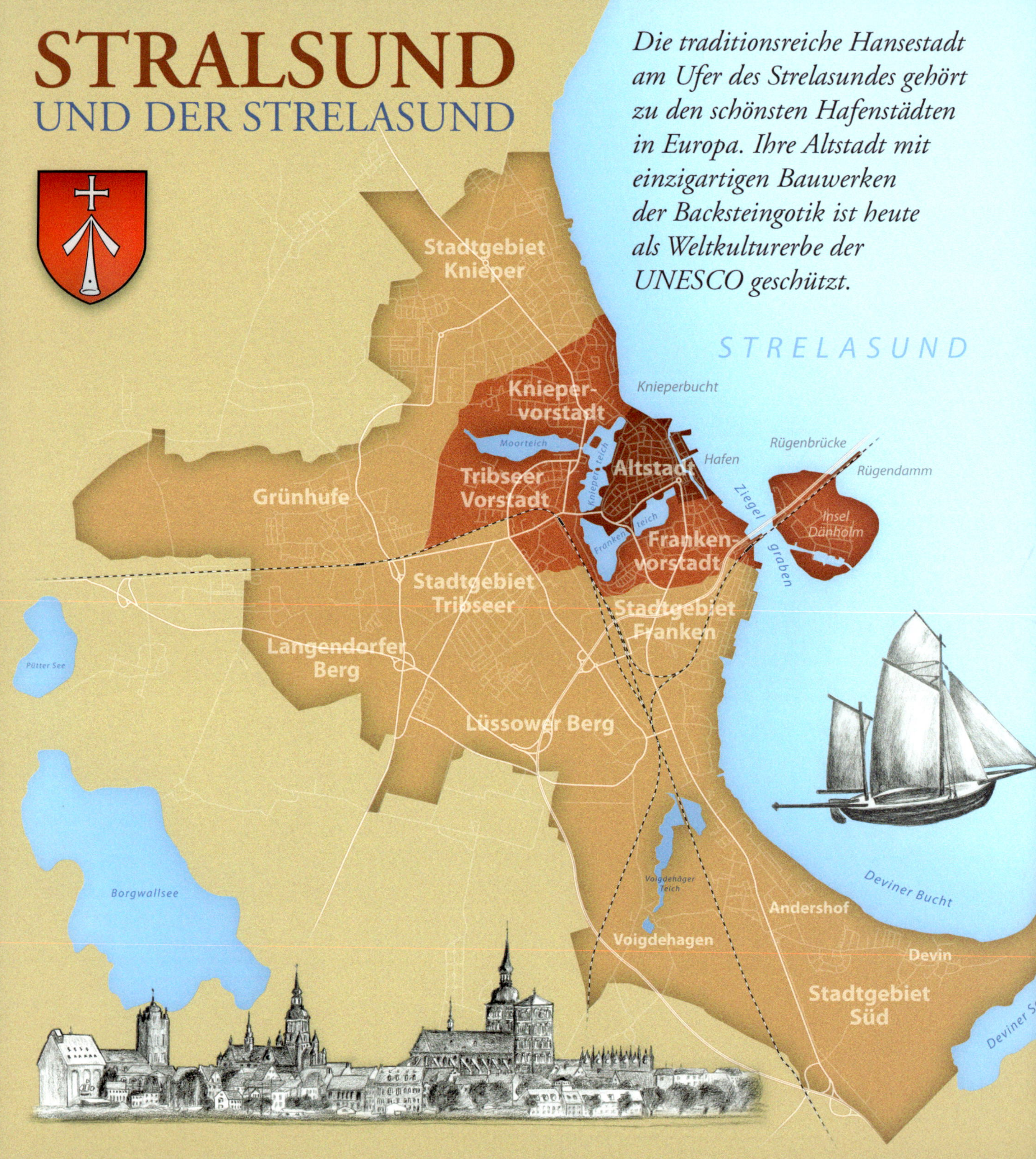
STRALSUND
UND DER STRELASUND
Die traditionsreiche Hansestadt am Ufer des Strelasundes gehört zu den schönsten Hafenstädten in Europa. Ihre Altstadt mit einzigartigen Bauwerken der Backsteingotik ist heute als Weltkulturerbe der UNESCO geschützt.
STRELASUND
Stadtgebiet Knieper
Knieper-vorstadt
Knieperbucht
Moorteich
Knieperteich
Altstadt
Hafen
Rügenbrücke
Rügendamm
Tribseer Vorstadt
Grünhufe
Frankenteich
Franken-vorstadt
Ziegelgraben
Insel Dänholm
Stadtgebiet Tribseer
Stadtgebiet Franken
Langendorfer Berg
Pütter See
Lüssower Berg
Borgwallsee
Voigdehäger Teich
Andershof
Deviner Bucht
Voigdehagen
Devin
Stadtgebiet Süd